AF311204

Zahn

54785

LE VERITABLE

ART

DU

BLASON,

OV L'VSAGE

DES ARMOIRIES.

A PARIS,
Chez ESTIENNE MICHALLET, ruë
S. Jacques, proche la Fontaine S. Severin,
à l'Image Saint Paul.

M. DC. LXXIII.
Avec Privilege du Roy.

A
MONSEIGNEUR
LE
DAUPHIN.

ONSEIGNEVR,

Les Ouvrages qui paroissent
sous voſtre nom , ne ſont plus des

ã ij

Presens que l'on vous offre. Ils
font un Tribut necessaire que
vous doivent tous les Sçavans.
Les soins que vous donnez à
l'Estude des belles Lettres avec
tant de progrez, vous vont faire regner sur les esprits, comme
le Roy vostre Pere regne sur tous
les cœurs de ses Sujets. Vous par-
tagerez avec luy un Empire si
glorieux sans rien usurper de ses
droits, puis que tandis qu'il sera
le Maistre & l'Arbitre du monde, vous en serez avecque luy, &
l'admiration & les delices.

Les Fils des Empereurs Romains avant que d'estre Cesars,
& associez à l'Empire n'avoient
point d'autre Titre que celuy de

Princes de la Jeuneſſe. Ils devoient la qualité de Prince à la Fortune de leurs Peres , & celle de
Prinⱹes de la Ieuneſſe à la foibleſſe
de leur âge, qui ne leur permettoit
pas de rien faire de grand, avant
qu'ils fuſſent grands eux-meſmes.
Vous aſpirez, MONSEIGNEVR,
à quelque choſe de plus illuſtre,
& regnant déja par avance dans
l'eſtenduë de tous les temps , vous
contez parmy vos Sujets tout
ce que le monde a jamais eu de
plus conſiderable parmy les Princes. Vous examinez leur conduite, vous obſervez leurs actions,
vous eſtudiez leurs manieres, &
vous faiſant leur Iuge par une
ſouveraineté que vous ne devez

qu'à vous mesme, vous approuvez leurs maximes, ou vous les condamnez : quand par un choix judicieux vous prenez les uns pour modeles des vertus que vous voulez suivre ; & vous ne regardez les autres que comme des flambeaux funestes dont les lumieres sont à craindre.

Avec quel plaisir, MONSEIGNEVR, voyez vous que tout ce qu'il y a de grand dans les temps les plus glorieux est heureusement reüny sous le Regne du Roy vostre Pere ? Vous estudiez son Histoire, en estudiant celle des Heros de tous les Siecles. Le Caractere de son Regne vous remplit de celuy d'Auguste. Vous *voyez les Sçavans favorisez, la Paix donnée à l'Europe, les Duels abolis, la Vertu recompensée, les abus des Finances corrigez, les Loix renouvellées, les Arts & lé commerce rétablis, & vous dites de luy ce qu'Horace a dit de son Prince. Liv. IV. Od. XIV.*

Vacuum duellis
Ianum Quirini clausit, & or‑
   dinem
Rectum, & vaganti fræna li‑
   centiæ
      Injecit amovitque culpas,
      Et veteres revocavit artes.

Vous vous proposez sur ces grands Modeles, d'escrire un iour

son Hiſtoire. Il y a eu des Empereurs, qui ont eſcrit leurs propres
Vies, comme Iules Ceſar, &
Marc Aurele Antonin. Mais on
n'en a point vû encore qui ayent
voulu faire revivre ceux qui les
avoient fait naiſtre. Cette gloire
eſtoit reſervée au meilleur de tous
les Fils, & au plus grand de
tous les Rois. Teſmoin & Com-
pagnon des grandes choſes que
vous luy verrez faire un iour
apres celles qu'il a deſia faites,
vous ioindrez la plume à l'eſpée,
comme le premier des Ceſars,
& vous ferez ſes Commentaires pour apprendre l'Art de Regner en apprenant à tous les peuples ce qu'aura fait un ſi grand
Prince.

Ce sont ces illustres Exemples que vous proposent tous les iours pour regle de vostre conduite les sages Directeurs de vos mœurs, & de vos estudes, qu'il vous a luy mesme donnez pour vous rendre digne de luy. Ce sont ces deux Intelligences, qui forment vostre Esprit sur ce modele, & qui vous faisant reflechir sur l'Histoire de tous les temps, & sur sa conduite Royale vous font voir qu'il n'y a rien qui puisse approcher de sa gloire, que le desir que vous avez de vous rendre semblable à luy.

C'est MONSEIGNEVR, dans cette veuë que ie vous offre cét Ouvrage, qui contient les marques d'honneur du sang le plus pur

é

de l'Europe. C'est de ces marques
genereuses que se composent les
trophées, que vous vous dresserez
un iour sur les exemples glorieux
que vous fournit à tous momens le
grand cœur du Roy vostre Pere,
& l'heureux succez de ses armes.

Travaillez-y donc, MON-
SEIGNEVR; avec cette application, qui ravit desia tout le monde, & qui nous fait tout esperer
d'un esprit fait comme le vostre.
C'est ce qui nous obligera de faire
tous les iours des vœux pour vostre conservation, puis que c'est
d'elle que dépend la gloire & le
bon-heur des Lettres aussi bien
que de tout l'Estat.

TABLE

DES CHAPITRES

VSAGE

USAGE
DES
ARMOIRIES.

Pres avoir traité de l'origine, & de la pratique des Armoiries dans les deux premieres parties *du veritable Art du Blason*, il faut traiter en celle-cy de l'usage des ornemens, qui distinguent les dignitez & la qualité des personnes. C'est ce qui suit naturellement les recherches, que j'ay faites touchant l'origine de cet Art, & la pratique universelle de tous les peuples en general. Il en faut venir au détail, & developper l'origine, & l'usage parti-

A

culier de tout ce qui entre en armoiries, pour establir avec methode tout ce
qui se doit pratiquer selon la maniere
presente pour toute sorte d'état , de
condition, & de sexe. L'origine décou-
vre les choses , la pratique les introduit,
l'usage les authorise & les fixe, & la
methode les regle. J'ay déja donné l'o-
rigine , la pratique & la methode du
Blason , il restoit à donner l'usage pour
achever mon dessein. Cét ouvrage sera
donc l'histoire des Armoiries, & la forme de leur usage. On en verra la naissance, le progrez, & la fixation dans
l'estenduë de six siecles. Commençons
par l'usage des figures les plus essentiel-
les du Blason , pour passer de là à ses
ornemens & aux marques des dignitez
selon les manieres de tous les peuples:
afin que ce petit traité puisse servir de
regle & de modele à tous ceux qui sont
bien-aises de faire toutes choses dans les
formes , & de suivre la pratique & les
usages communs,

Vsage des figures des Armoiries.

CHAPITRE I.

COmme il y a eu dans tous les siecles des noms pour distinguer les personnes, il y a toûjours eu des seings, des marques & des caracteres pour se faire connoistre dans les actes publics, & dans les écrits de main privée, qui devoient faire quelque foy de l'intention des personnes. Les anciens nommerent ces sortes de seings, de chiffres & de caracteres, du nom de *Notes*, comme nous appellons encore *Notaires* & *Gardenotes*. Ceux qui reçoivent les actes publics, & qui en conservent les registres.

Ces notes furent de trois sortes, les unes de points disposez de plusieurs & diverses manieres, en triangle, en quarré, en rond, en croix, en sautoir, en raisin, &c. & les Grecs les nommerent *Stigmata*.

Les autres furent de figures & d'images d'animaux, de plantes, & d'autres

pareilles chofes naturelles ou artificiel-
les. Et les dernieres furent de lettres
ou feules ou couplées.

On fe fervoit de ces lettres non feu-
lement pour authorifer les actes publics,
mais encore pour marquer le beftail, les
meubles, & l'ordre des papiers des Ar-
chives, comme Feftus a remarqué. *No-*
ta nunc fignificat fignum, ut in pecori-
bus, tabulis, libris, littera fingula aut
binæ. Alias ignominiam. Les Grammairiens, les Soldats, les Jurifconfultes,
le Peuple, les Magiftrats, les Juges, les
Artifans & plufieurs autres fortes de
perfonnes eurent l'ufage de ces chiffres.
Les Grammairiens pour marquer les
endroits obfcurs, ambigus, difficiles &
alterez des autheurs. Les Soldats pour
marquer leurs legions, leurs compa-
gnies, leurs rangs & leurs logemens.
Les Jurifconfultes pour abreger leurs
difcours, les depofitions des parties, &
les Arrefts que des Notaires publics
écrivoient en mefme temps qu'on les
prononçoit. Le peuple & les Magiftrats
s'en fervoient pour dôner leurs fuffrages
dans les élections, & dans les jugemens:
on les imprimoit fur le front, ou fur

quelque autre partie du corps des escla-
ves & des criminels , comme on fait encore pour ceux qne l'on fletrit , & c'est
ce que Festus a voulu dire quand il a dit
que la note est souvent prise pour la
marque d'ignominie.

Les inscriptions antiques sont pleines
de ces lettres seules, qui signifient des nõs
& des mots entiers. Valerius Probus en
fit du temps des premiers Empereurs un
petit traité qui nous reste & qui est de
grand usage pour l'interpretation de
ces lettres. Il se servit des connois-
sances qu'il avoit tirées des livres de
quelques Grammairiens , & en fit au
commencement quelques leçons à ses
amis, qui l'obligerent depuis à les leur
laisser par écrit. Un certain Magnon
en fit un autre des abbreviations de
Droit,qu'il adressa à Charles le Chauve
sous ce titre & sous ces deux vers.

Nota Iuris à Magnone Collectæ.
Hæc Iuris σημεῖα Iubens Rex accipe
Carle
Offert devotus quæ tibi Magno tuus.
Pierre Diacre en fit un plus ample au
temps de l'Empereur Conrard. Enfin
Goltzius en a donné un pour l'intelli-

gence des legendes des medailles, comme il y en a un attaché aux commentaires des Fastes d'Ovide pour l'intelligence de l'ancien Calendrier Romain.

Cét usage des lettres en forme de chiffres passa aux ouvrages publics, où l'on se contenta souvent de mettre les premieres lettres des noms des personnes, comme on met sur la Croix du Sauveur ces quatre I. N. R. I. dont tout le monde sçait l'interpretation. Sur la plufpart des tombeaux des anciens Chreftiens on trouve le chiffre Grec du nom de Christ, que Constantin mit sur ses Eftendarts, & qui eftoit long-temps auparavant en usage parmy les Fideles, comme il est aisé d'en juger par des tombeaux bien plus anciens, que Bosio, & Arringhi ont representé en leur *Rome Souterraine*.

De cét usage les Papes prirent celuy de mettre leurs noms ou les Monogrammes de leurs noms dans les Eglises qu'ils firent bâtir, où qu'ils consacrerent à Dieu. En voicy quelques exemples que j'ay tirez de diverses Eglises de Rome, & de quelques autres ouvrages publics.

La premiere de ces marques est en plusieurs Eglises , sur plusieurs tombeaux , & sur quelques monnoyes. C'estoit la marque des Chrestiens la plus ordinaire & la plus commune : mais ce n'estoit pas en particulier celle des Martyrs , comme quelques-uns ont crû , qui se sont persuadez que tous les tombeaux sur lesquels elle estoit gravée estoient des tombeaux de Martyrs , & prenant le P. Grec pour le P. Latin , ils ont crû qu'elle signifioit *Pro Christo*.

Quelques-uns y ont ajoûté une traverse horizontale pour en faire une croix , & quelques autres l'ont accostée des deux lettres Grecques A. & Ω. pour signifier que JESUS-CHRIST estoit le Principe & la fin de toutes choses , comme de ces deux lettres, l'une est la premiere, & l'autre la derniere de l'Alphabet Grec.

Le chiffre de Leon III. se void en ce reste de bastiment du Patriarchat de S. Jean de Latran qu'on nomme encore la salle de Charlemagne , parce que ce Prince y est representé , recevant de la main de ce Pape une banniere semée de Roses.

A iiij

Le chiffre de Paschal I. se voit en la Tribune de sainte Praxede, à sainte Cecile au delà du Tybre, & à Nostre-Dame de la Navicella, ou Sainte Marie *in Dominica*.

Celuy de Gregoire IV. est dans l'Eglise de S. Marc.

Celuy de Leon IV. est à la voûte de l'Eglise des saints Martyrs Nerée & Achillée.

Celuy de Benoist III. dans l'Eglise soufterraine de S. Martin *in Monte*.

Celuy de Serge III. dans l'Eglise de S. Jean de Latran.

Celuy de Paschal II. à la voûte de Sainte Praxede.

Celuy de Nicolas I. dans l'Eglise de S. Clement auprés du Colisée.

De cet usage ancien est venu celuy des Armoiries de quelques villes ou on void des lettres initiales ou de leurs noms, ou de quelques autres mots. Ainsi.

Rome porte de gueules à une croisette d'or, & ces 4. lettres S. P. Q. R. de mesme mises en bande entre deux filets aussi d'or.

La ville de Sulmone au pays de Na-

ples porte de gueules à ces quatre lettres d'or S. M. P. E. mises en bande
entre deux filets de mesme. Ces quatre
lettres sont les initiales d'autant de mots
d'un vers d'Ovide au 4. des Tristes
Sulmo mihi Patria est. Cette ville a crû
qu'elle ne pouvoit rien prendre de plus
glorieux pour ses armoiries, que cette
marque de la reconnoissance d'Ovide,
qui voulut que toute la terre sçeut
qu'il en estoit sorty, quand il composa
ces deux vers.

Sulmo mihi Patria est gelidis vberrimus
    vndis,

Millia qui novies distat ab vrbe, decem.

La ville de *Briou de* en Auvergne celebre par son Chapitre composé de
Gentilshommes qui font preuve de
Noblesse, & qui prennent titre de
Comtes, porte d'azur au B d'or couronné de mesme d'une couronne fermée.

La ville de *Saluces* en Piedmont, porte
d'argent au chef d'azur, ou coupé d'a-
zur & d'argent à un S. d'or sur le tout.
L'Ecu d'argent au chef d'azur est l'armoirie des anciens Seigneurs de la famille, qui porte encore aujourd'huy

le nom de Saluces.

L'Abbaye de *Montmartre* prés Paris, d'azur à deux M. M. d'or, sommées chacune d'une Fleur-de-Lys de mesme.

Les villes de *Glogavv* & de Gotting en Allemagne de gueules au G. Gothique ou Allemand d'argent.

La ville de *Vildperg* coupé de sable & de gueules, deux V. entrelassez d'argent sur le gueules.

La ville de *Riom* en Auvergne, d'azur à une R. capitale d'argent, & deux Fleurs-de-Lys d'or en chef.

Il y a quantité d'autres villes, & d'autres communautez, & mesme quelques familles qui portent de ces chiffres.

Les Marchands, & les Ouvriers les ont retenus pour les marques de leurs balles, de leurs factures, & de leurs ouvrages, & disposent souvent ces lettres dans des ronds ou dans des cœurs divisez en plusieurs quartiers avec des quatre de chiffre, ou des Croix recroisetées plusieurs fois.

La pieté des fidelles a consacré de cette sorte les chiffres des noms sacrez de J E S U S & de M A R I E, dont quelques communautez Religieuses ont fait

leurs Blasons, ou leurs marques de distinction.

La Congregation des Benedictins re-
formez d'Italie a pris pour la sienne le
mot P A X. Et les PP. Minimes le mot
CHARITAS. Les Peres Servites un
S. & un M. entrelassez qui signifient
Servi Mariæ.

Plusieurs villes d'Allemagne, des
Pays - Bas d'Espagne, & de quelques
autres pays, & plusieurs Eglises, ou
Abbayes, ajoûtent des lettres initiales
de leurs noms à leurs armoiries d'autres figures. Comme en Allemagne
Kempten, VVorth, VVangen, Bres-
lavv, Miltenberg, Neuenstat, Mon-
steberg, &c. Au Pays-Bas Liege.
L'Abbaye de Nizele en Brabant, porte
un N. dont sortent deux ailes ou un
vol entier, avec une crosse brochante
sur le tout. Celle de Postel au mesme
pays porte un tronc d'arbre en Pal, &
un L. de mesme qui luy est liée par un
entrelas en croix. Celle de Maechden-
dale en Flandres, qui est Abbaye de
filles, porte une crosse en pal addextrée
d'un M. & senestrée d'un D. Et celle de
Sonnebeck au mesme pays, qui est

Abbaye d'hommes, porte un Soleil par rapport à son nom, & dans le corps de ce Soleil le mot de BECK en chiffres entrelassez.

La ville de *Nismes* en Languedoc porte un Crocodile attaché à un Palmier, avec ces deux mots abbregez COL. NEM. *Colonia Nemausensis*, que Paradin a mal interpreté en son recueil de devises quand il a crû que ces lettres signifioient *Colligavit Nemo*, affectant de faire une devise, de ce revers d'une medaille ancienne forgée à Nismes, dont on trouve un tres-grand nombre.

J'ay soubçonné que la pluspart des falces vivrées que nous avons en Armoiries n'ont esté au commencement que des M. dont les jambes estoient étenduës aux bords de l'Ecu. Ce qui m'a fait entrer dans ce soubçon est que je voy que presque toutes les familles qui en portent, ont des noms qui commencent par cette lettre. Comme celuy des anciens Comtes de *Mascon* à qui nos Provinciaux Manuscripts donnent un M. de cette sorte. En Pologne il y a *Masalcki* qui porte d'azur à un M.de cette sorte sommée d'une croisette. *Mikulinski* en porte trois,la plus haute sommée d'une Croix. *Maftaing* banniere de Hainaut,branche de la maison de Jauffe, dont on fait sortir celle des *Boutons* de Bourgogne Comtes de Chamilly, portoit de gueules à une fasce d'or, & pour brisure une vivre de mesme en chef. Les autres familles qui en portent sont *Martorel* en Arragon, *Manderscheit* en Allemagne, *Mascranni* du païs des Grisons venus à Lyon & á Paris. *Mezzo* à Venise. *Die Mehrer* a Aufbourg. *Murchkart* en Suisse. *Von Murach* en Baviere.

Les Empereurs, & les Rois signoient anciennement des chiffres de leurs noms entrelassez d'une maniere assez bizarre, comme on peut voir en ceux que j'ay fait graver de Henry, de Hugues, de Thierry, de Lothaire, & de Frideric.

Il y a des familles nobles qui portent des lettres & des chiffres pour Armoiries. A Aufbourg les *Langermantel*, portent de gueules à un double R addoffé d'argent.

Là mesme, les *Die Vohlin*, portent

d'argent à la fasce de sable, chargée de trois P d'argent, qui ont donné occasion à cette interpretation malicieuse. *Piper peperit pecuniam. Pecunia peperit pompam. Pompa peperit paupertatem.*

Les *Henris* Seigneurs de la Salle, & de Jarnioft en Lionnois, d'argent au cœur de gueules, marqué du nom de Jesus en chiffres Gothiques d'or, au chef d'azur chargé d'un Lion Leopardé d'argent. Il y a eu plusieurs Eschevins de ce nom dans la ville de Lion depuis l'an 1528. Un Prevoft des Marchands en l'an 1604. qui eftoit Seigneur de la Salle, Confeiller du Roy, fon Maiftre d'Hoftel ordinaire, & Treforier general en la generalité d'Auvergne. De la mefme maifon, eftoit un Octave Henry Comte de Cremieu en Dauphiné, & d'Altefan en Piedmont, qui époufa Violante de Savoye.

Mendoza en Efpagne, écartelé en Sautoir, le 1. & 4. de Sinople chargé d'une bande d'or, furchargée d'une cottice de gueules: le 2. & 3. d'or chargé en demy orle de chaque cofté, de ces mots d'azur, *Ave Maria* à dextre,

& Gratia Plena à feneſtre.

Le P. de Varennes s'eſt un peu emporté contre cette maniere d'Armoiries, faute d'en avoir ſçeu l'occaſion. Il a pris ces quatre mots pour une eſpece de Deviſe arbitraire ajoûtée aux Armoiries, & miſes dans le corps de l'Ecu, au lieu qu'il euſt voulu qu'ils euſſent eſté au dehors. *Roy d'Armes, p.* 495. *&* 496.

Les Eſpagnols qui ſont voiſins des Arabes, & qui ont eu des guerres ſi frequentes avec les Maures, ont pris d'eux l'uſage d'ajoûter des mots & des deviſes dans les quartiers des Armoiries, parce que les Maures mettoient ſeulement des deviſes en leurs ſceaux, ne leur eſtant pas permis d'y mettre aucune autre figure, à cauſe de l'Alcoran, qui défend l'uſage des Images. Comme on peut voir en l'hiſtoire des Sarazins écrite en Arabe, par George Elmacin fils d'Abuljaſer Elamide, & traduite en Latin par Thomas Erpenius, où il dit que Mahomet, qu'il nomme Muhammed Abulcaſim, portoit en ſon ſceau des mots Arabes, qui ſignifioient IN DUPLEX TESTIMONIUM *Sigillo eius in-*

sculptum erat. IN DUPLEX TESTIMO-
NIUM, Oſtman fils d'Affan, avoit dans
le ſien des mots Arabes, qui ſignifioient,
CREDO IN DEUM CREATOREM ET AD-
MINISTRATOREM.

Alis fils d'Abutalibe portoit ceux-cy,
SOLI DEO FORTI DOMINIUM.

D'ailleurs c'eſt la pratique commune
pour toutes les deviſes, de mettre le
mot dans le tour du rond de l'ovale, ou
du cartouche, dans lequel eſt le corps,
& il y a pluſieurs familles d'Eſpagne, qui
mettent des deviſes en la bordure de
leurs Ecuſſons, comme j'ay remarqué
en pluſieurs endroits.

Quelques branches des maiſons de
Vega, & d'Andrada, mettent ces meſmes mots, *Ave Maria*, en orle.

Dom François Sarmiento de Mendoza Eveſque de Jaen en Eſpagne, ayant
quitté par modeſtie les armoiries de ſa
maiſon, prit une Croix du Calvaire,
avec une bordure chargée de ces mots,
Arma militiæ noſtræ, comme on les
voit ſur ſon tombeau dans ſon Egliſe
Cathedrale.

Dans l'Egliſe du Chaſteau de Baëça
entre les ſoixante-cinq Ecuſſons des
Gentils

Gentilshommes qui se trouverent à la prise de cette ville, sous le Roy D. Fernand, il y a celles d'un *Vela*, d'un bras qui tient une chandelle allumée, avec une bordure de ces mots, *Quien bien vela.*

Aux Armoiries de Jean Bertrand de Guevarre, Archevesque de Salerne enterré à Rome au Jesus. Il y a au tour des quartiers des hermines en bordure, *Malo mori quam fædari.*

Au sceau des lettres que le grand Duc de Moscovie écrivit au Pape Clement VIII. Il y avoit un Aigle à deux testes, chaque teste couronnée, une Croix entre les deux testes de l'Aigle, sur l'estomach un saint George. Il y avoit au tour du sceau trois cercles de legendes; dans celuy qui touchoit l'Aigle estoient ces mots en langue & caractéres Rhuniques. *Rex Gloriæ Iesus Christus, morsus inferni.* Dans les deux autres de nom & les titres du Grand Duc.

C'est aussi la coûtume en Italie pour la plus part des Ecclesiastiques, de quelque dignité qu'ils soient, de mettre leurs noms & sur-noms avec ceux de

leurs dignités en legende autour de leurs
sceaux, & de leurs cachets.

Le Cardinal Bertani de l'ordre de
saint Dominique, qui mourut l'an 1558.
portoit pour armoiries de gueules au
levrier rampant, d'argent avec un
rouleau au dessus, où estoient écrits
ces mots, *Spes Nutrix*, qui faisoient
de cette armoirie une devise. Il y ajoûta
le chef de l'Empire, ayant esté envoyé
Legat à l'Empereur Charles-Quint.

Battaglia à Venise, qui porte de
gueules à trois Poires d'or. Mettoit autrefois entre les trois Poires un Liston
volant ave ces mots, *Probasti me.*

La ville d'*Atri*, porte d'or au mot
HADRIA de sable mis en bande entre
deux cotices ou deux filets de mesme,
sommé d'une trangle d'argent & cinq
fleurs de Lys d'azur rangées en chef.

La Republique de *Lucques* porte d'a-
zur au mot LIBERTAS, mis en bande
d'or entre deux filets de mesme. Ce qui
a fait dire à un autheur Italien, que cette disposition estoit de mauvais augure,
& que c'estoit une liberté renversée,
mais cette sage Republique a bien fait
voir qu'elle sçavoit la conserver.

La Republique de *Genes* porte auſſi le meſme mot ſur une bande.

La ville de *Bologne*, écartele ſes Armoiries du meſme mot, que les *Magalotti* de Florence mettent en chef des leurs. Le Duc de Sabionera Prince de Stigliano, portoit ſur le tout de ſes Armes un Ecuſſon d'azur au mot *Libertas*, d'or mis en bande.

Les *Borromées* ont en un quartier de leurs Armoiries le mot *Humilitas*, en caracteres Gothiques couronné.

Nadler à Nuremberg porte de gueules à la face d'argent chargée du mot *Ave* de ſable.

La plus-part des Armoiries de nos Rois, ſont accompagnées des chiffres de leurs noms dans leurs Monnoyes, & en d'autres lieux. On voit en divers endroits des K. pour Charles V. Charles VI. Charles VII. Charles VIII. & Charles IX.

Henry III. compoſa le Collier de l'Ordre du Saint Eſprit, des chiffres de ſon nom meſlez à des trophées. Il mettoit auſſi ſouvent ſous ſes Armoiries un H. couronné entre les pointes des deux Ecuſſons de France & de Pologne. Henry IV. faiſoit le meſme entre ceux de France & de Navarre.

Louys XIII. de Triomphante memoire, mettoit une L. de meſme, & c'eſt de huit L. L. addoſſées de deux en deux en forme de Croix, & terminées de quatre Couronnes, qu'on a fait la Croix des Louys d'or, ſous ſon Regne, comme elle eſt encore à preſent.

Sigiſmond Roy de Pologne, mettoit un S. ſur le cœur de l'Aigle dès Armoiries de Pologne.

Sigiſmond Batory Prince de Tranſylvanie, portoit ſur le tout de ſes Armes l'Aigle de l'Empire chargé ſur l'aiſle droite d'un R. ſur la gauche d'un A. & ſur la queüe d'un autre A. qui ſignifioient *Regina avium Aquila.*

Les Comtes de *Borzita* en Boheme, qui portent pour Armoiries de gueules à une Eſtoile d'or de 8. Rais entre une tige de Nenuphar de deux branches d'argent tournées en cœur, portent en cimier un Ecu d'Autriche de gueules à la faſce d'argent, & ces trois lettres F. M. R. miſes en pal. F. en chef, M. ſur la faſce, & R. en pointe, ce ſont les chiffres des Empereurs, Ferdinand,

Maximilien , & Rodolphe.

Tous ces exemples font voir que le P.
de Varennes n'avoit pas raison de con-
damner cette pratique , qui est tres-
ancienne, ny de dire que cela estant le
propre des Marchands , le moins que la
Noblesse s'en peut servir c'est le meilleur. Qui voudroit prendre la peine de
ramasser exactement tous les exemples
de cette nature , trouveroit que tout
l'Alphabet est entré en Armoiries pour
diverses Communautez , & pour diverses Maisons.

L'usage en est si ancien , qu'outre
les exemples des Romains , & des Arabes que j'ay allegué , les Hebreux mesmes s'en sont servis en leurs Drappeaux,
témoin le nom des *Machabées* , qu'on
donna aux fils de Matathias, parce qu'ils
portoient en leurs Drappeaux les quatre lettres Initiales du verset 11. du chapitre 15. de l'Exode י. ב. כ. מ. M.C.B.I.
pour exprimer ces mots , *mi chamocha
baalim Iehova? quis ficut tu in fortibus
Domine.* Les Soldats qui lisoient ces
quatre lettres, comme si elles eussent fait
un seul mot , les nommoient , *Micabi*
ou *Machabi*, d'où ensuite ils furent

dits *Machabées*, c'est ce qu'en dit Rabbi Isaac Benschala.

Les Grecs firent la mesme chose, & si nous en croyons quelques Autheurs les Messeniens portoient un M. capital dans leurs Drappeaux. Les Sycioniens un Σ. Les Lacedemoniens un Λ.

Sous François I. on affecta de mettre en divers endroits des chiffres Grecs de son nom Φ. parce que ce Prince avoit rétably les lettres & cette langue sçavante. On voit aussi en quelques endroits des λ. pour Louys XII. & on l'a continué pour Louys XIII. aux ornemens des vignettes de l'impression du Louvre, particulierement pour les ouvrages Grecs.

Le Cardinal François Tolet Jesuite, ne porta jamais d'autres armoiries qu'un nom de Jesus en chiffre d'or en champ d'azur, sommé de cinq Estoiles de mesme en demy orle.

Il fut Predicateur du Palais Apostolique sous les Papes Pie V. Gregoire XIII. Sixte V. Urbain VII. Gregoire XIV. Innocent IX. & Clement VIII. qui le fit Cardinal. Il fut employé en diverses legations. L'Historien des

Cardinaux, continuateur de Ciaconius, dit de luy, que tout Espagnol qu'il estoit de naissance, ayant esté employé pour les affaires de France, il parut plus François qu'Espagnol. *De Gallicis rebus in consilium adhibitus, Galliæ quam Hispaniæ addictus videri maluit.* Ce fut luy qui malgré les oppositions de ceux de sa nation, moyenna l'absolution du Roy Henry IV. aussi ce Prince luy fit faire un Service solemnel aprés sa mort dans l'Eglise N. D. de Paris, pour honorer sa memoire, & pour luy témoigner sa reconnoissance en un temps, où bien des gens ne se souviennent plus des bien-faits qu'ils ont receus, ny des services qu'on leur a rendus.

Il y a une trentaine d'années qu'on a renouvellé l'usage des chiffres d'une maniere galante de lettres italiques entrelassées, affrontées & adossées. On s'en sert pour les cachets, & pour les ornemens des chaises, des carrosses & & des housses, & on les couronne de couronnes Royales, & de couronnes de Comtes, de Marquis &c. selon la condition ou plûtost selon la fantaisie des personnes.

Plusieurs ne se contentant pas de ces chiffres & de ces lettres, qui avoient trop de rapport les uns aux autres, se servirent des images qui avoient rapport à leurs noms, & firent de tout ce qu'il y avoit dans la nature & dans les arts de plus conforme à leurs noms, des devises pour se distinguer. C'est ce qui a introduit toutes sortes d'images en armoiries.

Solis, en Espagne de gueules au Soleil d'or.

Pour la mesme raison *Tresseols* en Bretagne, d'azur à trois soleils d'or.

Perissol en Dauphiné de gueules au Soleil d'or. Il y a encore à present un President de ce nom au Parlement de Dauphiné, fils d'un autre President au mesme Parlement.

Sonnenberg en Suisse qui signifie Soleil & Montagne, ou Montagne du Soleil d'argent à un Soleil de gueules sur une montagne de Sinople, ou de gueules au Soleil d'or.

Pour la mesme raison la maison de Solas de Montpellier, qui porte vairé d'or & de gueules à la bande de semé de France, porte en cimier un Soleil

party

des houſſes , & on les couronne de couronnes Royales , & de couronnes de Comtes , de Marquis &c. ſelon la condition ou plûtoſt ſelon la fantaiſie des perſonnes.

Pluſieurs ne ſe contentant pas de ces chiffres de lettres , qui avoient trop de rapport les uns aux autres , ſe ſervirent des images qui avoient rapport à leurs noms , & firent de tout ce qu'il y avoit dans la nature & dans les arts de plus conforme à leurs noms , des deviſes pour ſe diſtinguer. C'eſt ce qui a introduit toutes ſortes d'images en armoiries.

Solis, en Eſpagne de gueules au Soleil d'or.

Pour la meſme raiſon *Treſſols* en Bretagne , d'azur à trois ſoleils d'or.

Periſſol en Dauphiné de gueules au Soleil d'or. Il y a encore à preſent un Preſident de ce nom au Parlement de Dauphiné, fils d'un autre Preſident au meſme Parlement.

Sonnemberg en Suiſſe qui ſignifie Soleil & Montagne , ou Montagne du Soleil d'argent à un Soleil de gueules ſur une montagne de Sinople , ou de

C

gueules au Soleil d'or.

Pour la mesme raison la maison de Solas de Montpellier, qui porte vairé d'or & de gueules à la bande de semé de France ; porte en cimier un Soleil party d'or & de sable, ou demy eclipsé avec ce mot *non extinguar*.

La Ville de *Dole* capitale de la Franche-Comté, a pour armoiries un soleil, parce qu'il n'y a qu'une lettre à changer pour trouver aux trois premieres letres de son nom celuy du soleil en langue Latine. Il y a quantité de villes qui ont pris des armoiries de cette sorte approchantes de leurs noms. Comme *L'Ille* en Flandres une Fleur de Lys. *Rheims* en Chāpagne des Rainseaux. *Foligny* en Italie de gueules à la Fleur de Lys d'or. Galice Province d'Espagne un Calice.

La ville de Dole a mis quelquefois sur ses armes cette devise, *Cui soli sol semper*, pour montrer qu'elle seroit toûjours attachée à l'Espagne, & pour dire en mesme temps que le Roy d'Espagne estoit le seul souverain, dont le Soleil éclairoit toûjours les Estats, à cause du nouveau monde dont il estoit le maistre.

2. *VVassenaër* aux Pays-Bas, de gueu-

les à trois croiſſans d'argent. *VVaſſen* en langue Holandoiſe ſignifie un croiſſant. Auſſi Gouthoven blaſonnant ces armoiries, dit *Heſt Vvappen van VVaſſenaër is dry Zilvere Vvaſſende. Manen in een ſchilt-van Keel.* Ils écartellent d'azur à une faſce d'or des anciens Burgraves de Leyden dont ils heriterent par le mariage de Berthe de Leyden avec Thierry de Vaſſenar.

Les *Luna* d'Eſpagne pour la meſme raiſon portent un croiſſant verſé. De cette maiſon eſtoit le factieux Pierre de Luna Anti-Pape qui fit durer le ſchiſme ſi long-temps ſous le nom de Benoiſt XII. Il portoit de gueules au croiſſant d'argent verſé & une Champagne de gueules.

Les *Creſcenti* d'Italie de gueules a trois croiſſans d'or. Il y a eu pluſieurs Cardinaux de cette maiſon.

Les *Lunati* de Pavie trois croiſſans dont les deux du chef ſont affrontez.

Les *Nari* d'azur à trois croiſſans verſés d'argent mis en pal l'un ſur l'autre. Ils nomment l'Almanach. *Lunario* à cauſe des lunaiſons, & abbregent les mots, *Maſo* pour *Tomaſo: Nari* pour *Lunari.*

La ville de Fiefoli d'azur au croiffant tourné d'argent, parce que la lune eft *fida foli*.

La ville de *Luni* d'azur au croiffant contourné d'argent chargé d'une étoile de fable.

Les *Illuminati* de Genes d'azur à un quartier de lune d'argent montant, dont fort un flambeau allumé de mefme.

Les *Lonati* de Milan, de gueules à trois croiffans d'argent au chef de l'Empire.

3. *Guldenftiern* en Dannemarch une étoille d'or comme fon nom la fignifie.

Nadal à Venife de mefme à caufe de l'étoile qui parut au temps de la Nativité du Fils de Dieu.

Sternberg en Allemagne de mefme.

Stella à Genes d'or au chef danché de quatre pieces d'azur chargé de trois étoilles d'or.

L'Eftoile d'azur à une Etoile d'or.

Le *Tellier* d'azur à trois lezards montans d'argent au chef coufu de gueules chargé de trois étoiles d'or. Il y a double allufion de *Stellio* & *Stella*, & l'une & l'autre marque les lumieres & la vivacité d'efprit de ceux de cette famille.

Trois grands Aſtres y brillent dans le Conſeil, dans l'Egliſe, & dans les affaires de guerre, & l'on peut dire que dans les emplois que noſtre grand Monarque leur a confié, *Stellæ dederunt lumen in Cuſtodiis ſuis. Luxerunt ei cum jucunditate qui fecit illas.* On peut auſſi ajoûter *Stellio manibus nititur, & moratur in ædibus Regis.* Eſtant le propre des Secretaires d'Eſtat d'eſtre la main du Prince, comme les Perſans les appelloient.

Du Gué. D'azur au chevron d'or accompagné de trois étoiles de meſme, celle de la pointe couronnée. Les étoiles ſont la marque du Guet, depuis les anciens qui donnoient des couronnes à étoiles à ceux qui avoient fait ſoigneuſement le guet. Ils appelloient ces couronnes *Coronas exploratorias.* Louys XI. affecta auſſi au Chevallier du Guet l'ancien Ordre de l'Eſtoile, quand il inſtitua celuy de Saint Michel. Il y a eu du nom de du Gué pluſieurs Maiſtres des Requeſtes, & Meſſire François du Gué Intendant des Provinces de Lionnois, Foreſt, Beaujolois, & Dauphiné & l'un des Conſeillers d'Eſtat ordinaires eſt de cette Maiſon.

4. *Charbonnieres* la Cappelle d'argent a trois bandes d'azur, l'Ecu femé
de charbons ardens de gueules.

Tizzoni à Vercel en Piedmont, d'argent à trois Tizons de fable allumez de
gueules mis en bande.

Ardier à Paris d'azur au chevron
d'argent, accompagné de trois flâmes
de mefme.

Du four d'azur à trois flâmes
d'or.

Chomeday d'or à trois flâmes de
gueules, qui font allufion à la premiere
fyllabe de leur nom.

Feu de gueules au chevron d'or, accompagné de trois flâmes de mefme
au chef coufu d'azur chargé d'un Lion
leopardé d'or.

5. *De L'Aigue* en Dauphiné *De
Aqua*, de gueules femé de gouttes
d'Eau d'argent, à trois filets ondez de
mefme en chef.

Viviers d'argent à trois rivieres ou re-
fervoirs d'eau bordez de finople.

La font en Languedoc de gueules à la
fontaine d'argent, au chef coufu d'azur,
chargé de neuf eftoiles d'or.

6. *La Roche* en Languedoc, d'or au
rocher de fable.

Roche en Vivarais, de gueules au rocher d'or.

Pierre-vive d'or à trois paux de
gueules chaque pal, chargé en chef
d'un diamant d'argent. M. La Chieza
dit autrement, *Pietraviva di Chieri:
pali doro e roſſi à ſei peʒʒe, e ſopra i
primi una pietra ovata negra per ogni
palo in cima*, d'une branche de cette
famille venuë du Piedmont en France,
& eſtablie dans le Lionnois, eſtoit ſor-
tie Catherine de Pierre-vive, femme
d'Antoine de Gondy ſieur du Peron en
Lionnois, dont elle euſt Albert de
Gondy Duc de Rets Pair, & premier
Mareſchal de France. Pierre de Gondy,
Eveſque de Langre, Puis de Paris, &
enfin Cardinal. Elle fut Gouvernante
des fils de France.

7. *Du Roure* en Languedoc, *de
Rouere* en Italie, d'azur au cheſne ou
Roure, d'or fruitté de meſme. De cette
famille, ſont ſortis deux Papes, pluſieurs Cardinaux, les Ducs d'Urbin,
& pluſieurs branches eſtablies en France, en Piedmont & en d'autres lieux
d'Italie, quelques unes ont changé les
Emaux pour ſe diſtinguer.

Il faudroit un volume entier pour re-
cueillir les armoiries des maisons, qui
portent des arbres & des plantes, par
allusion à leurs noms. *Les Duchesne,*
Du Laurent, De Cormier, Sapin,
Genas, Rousselet, Arbouze, &c. portent des Chesnes, des Lauriers, des Cor-
miers, des Sapins, des Genests, des
Poiriers de Poires Rousselets, & des
Arbousiers.

Il y a d'autres arbres dont les noms
particuliers aux Provinces, ne laissent
pas d'Estre equivoques aux noms, quoy
que bien souvent on ne s'en apperçoive
pas. Comme *Crequy* en Picardie, un
Cerisier nain, qu'ils nomment un Cre-
quier.

Dorgeoise en Dauphiné, de gueules
à trois Fleur-de-Lys d'argent, rangées
en fasce au chef de mesme, chargé de
deux branches de chesne de synople, en-
glantées d'or, & passées en sautoir.
Monsieur Chorier, qui blasonne ces
armoiries en son nobiliaire de Dauphiné, dit que *Drugese* signifie un chesne,
& qu'il est derivé de l'ancienne langue
Celtique, en laquelle *Deru* & *Dru,*
estoit le nom du Chesne, apparam-

ment emprunté du Δρῦς des Grecs. Il ajoûte que les peuples de la baſſe Bretagne, appellent encore aujourd'huy un cheſne *Deruven*. On trouvera grand nombre de ces exemples dans les Provinces.

8. *Pommereul* d'azur au chevron d'or, accompagné de trois pommes de meſme.

Il y a pluſieurs maiſons qui portent pour armoiries des fruits equivoques à leurs noms. Les *Pernſſis* de Florence, éſtablis en Avignon, des Poires. *Pinard*, *Pinon*, *Pinot*, des Pins, & *Pinelli*, des pommes de Pin. *Moro* à Veniſe des Meures. La ville d'Orange une Orange, le Royaume de *Grenade*, une Grenade, &c.

9. *Panigarole* à Milan, party d'argent & de gueules à une tige de Pavot à ſept fleurs de l'un en l'autre. Le peuple nomme cette eſpece de Pavot *Panigata*, parce qu'il meſle de ſa ſemence au Pain, pour le rendre plus agreable au gouſt. Pour avoir mangé de ce Pain en un village du Tyrol prés d'Inſpruck, je dormis prés de vingt-deux heures, ce qui m'obligea de dire le len-

demain à un Italien, qui m'avoit dit le jour precedent, *ch era pane saporifero, che piutosto era soporifero.*

Von Panheimb en Carinthie, porte party d'or & de sable à une tige de Pavot à six testes, de l'un à l'autre.

Cardona en Espagne, de gueules à trois chardons d'or.

Figueroa en Espagne, cinq füeilles de figuier en sautoir.

Provana ou Prohana en Piedmont, des füeilles de vigne, qu'on appelle des *Provains*.

10. *Le Maistre* à Paris, d'azur à trois soucys d'or, par allusion à ce proverbe, *Si les vallets ont la peine, le Maistre a les soucis.*

Il y a une infinité d'armoiries parlantes, par rapport aux fleurs.

Rosenspar en Danemarck, un chevron chargé de Roses, armes doublement parlantes.

Boursault, de Viantes d'argent à trois Boursauts, ou boutons de Roses de gueules, füeillés de sinople

Cascales au Royaume de Murcie, d'azur à 9. testes de pavots d'or. 3. 3. 3.

11. *Chabot* d'or à 3. Chabots mon-

tans de gueules. Il y a quantité de Maisons, qui ont pour armoiries des poissons equivoques à leurs noms, dont plusieurs ne sont pas beaucoup connus. Bretel, Goujon, Gougeulx, Dentici à Naples, Lucy, Tanques, Anguillara, Delfini à Venise, Bar, Salmes, Trovvtebeck en Allemagne, le Meusnier, Blanchet, Quarracino à Naples, &c. en portent de cette sorte.

12. *Canillac* en Auvergne, d'azur à un levrier d'argent accollé de gueules. Il y a peu d'animaux qui n'entrent en armoiries, par rapport aux noms en tous les endrois de l'Europe. Ainsi on y voit des Lions, des Ours, des Elephans, des Chiens, des Goys, des Bracs, des Levriers, des Vautiers, des Lievres, des Chats, des Chevaux, des Loups, des Pourceaux, des Fouynes, des Cerfs, des Taureaux, des Bœufs, &c.

Il faut dire le mesme des oiseaux, dont il y a plusieurs exemples, entre autres.

13. *Gruel* en Dauphiné, de gueules à trois Grues d'argent.

Chapponay des Coqs, *Ghiottia* à

Genes une Poule avec ſes Pouſſins.
Galluci un Coq.

Expilly en Dauphiné, dont le cele-bre Preſident Expilly un Coq. En lan-gage Dauphinois, *Epillir* eſt la meſme choſe qu'eclorre. Les *Boniels*, qui ont ſuccedé aux biens de ce Preſident en ont pris les armes.

Les Dragons, les Serpens, & les In-ſectes, ſont entrez par la meſme voye en armoiries.

14. *Drac* d'or au Dragon de Sinople, couronné & lampaſſé de gueules.

Lumagues originaires des Griſons, des Limaçons, que les Italiens nomment *Lumache*.

Sayve à Dijon, des Sangſuës, que les Bourguignons nomment *Sayves*.

Grilles à Gennes & Arles des Gril-lons.

De Thou d'argent au chevron de ſa-ble, accompagné de trois Taons de meſme.

Barberins en Italie, d'azur à trois Mouches ou Taons d'or, que les Ita-liens nomment *Barbarini*.

Le meſme rapport aux noms, a fait entrer en armoiries la figure humaine,

&

& les parties du corps humain.

15. *Pellevé* de gueules, a une teste humaine en profil d'argent, au poil levé d'or.

Sarrazin, *Moreau*, *Turco*, *Turcan*, des testes de Mores & de Turcs.

Cossa à Naples, dont Jean 22. Pape, deposé au Concile de Constance aprés son abdication, une cuisse & jambe humaine.

Masan Bourg prés d'Avignon, d'azur à une main de carnation, un Croissant & un Soleil en chef. Ils disent *Masantar* pour *Manier*.

Comitin en Champagne, des yeux. Cette maison est originaire de Sicile, où elle se nommoit *Belviso*, Belleveüe, & un de cette famille ayant esté nommé *Comitino* le petit Comte, ce nom demeura à ses descendans.

Testu de gueules à la bande d'argent, chargée de trois testes humaines.

Le Gendre, d'azur à la fasce d'argent, accompagné de trois testes de Filles échevelées d'or. Par allusion au proverbe, *qui a des Filles aura des Gendres.*

Malemains de gueules à trois mains gauches d'or.   D

Accegli en Piedmont, dix sourcils, que les Italiens nomment *Cigli. Barbarigo*, à Venise des Barbes humaines, &c.

Chiuffarini à Luques, un bras qui tient une teste par la chevelure, qu'ils nomment *Chiuffa.*

Les vestemens font aussi pour la mesme raison plusieurs armoiries.

16. *Capelli* à Venise, coupé d'argent & d'azur à un chapeau de l'un à l'autre, chargé d'une Fleur-de-Lys d'or sur l'Azur. *Cappellis* à Perne, au Comtat Venayssin, d'argent à un chappeau de Protonotaire de sable.

Capelli à Nizze d'or à trois chappeaux de Cardinaux, de gueules.

Chapperon en Poitou, d'azur à trois chapperons, ou capuchons d'or en profil.

Zapata en Espagne, de gueules à cinq brodequins echiquez d'argent & de sable mis en sautoir.

17. Les monstres, les chimeres, & les Estres Ideels ont trouvé place dans les armoiries, par rapport aux noms.

Trolle en Danemarck, d'argent, a un Diable de sable. Ce nom signifie le *mechant*, qui est le nom que l'on donne aux Diables, de là est venu le nom de *drolle*.

Malain en Bourgogne, pour la mesme raison porte un Sauvage.

Santueil, une teste d'Argus à cent yeux.

Busdraghi à Lucques, d'argent a un Dragon de sinople aislé de gueules, ayant teste humaine encapuchonnée.

18. Les Bastimens sont aussi en armoiries à l'occasion des noms.

Pontevez en Provence, de gueules, a un Pont de deux arches d'or, massonné de sable.

Pontis en Dauphiné, *Pontau* en Provence, *Ponteau de mer* en Normandie, *Pompierre* en Lyonnois, *Pontac*, *Pontbriant*, *Ponte* à Venise des Ponts.

La Tour d'Auvergne, *La Tour du Pin*, *Tourzel Alegre*. *La Tour Saint Vidal*. *Torriani* anciens Seigneurs de Milan. *La Tour Montbelet* en Bourgogne. *La Tour Gouvernet*, & *Tournet* en Dauphiné. *La Tour* en Savoye, & presque en toutes les Provinces des Tours.

Chiesa, qui signifie Eglise, nom de

trois familles differentes de Piedmont, & d'une autre à Genes, qui toutes portent des Eglises pour armoiries.

Castellane, *Castille*, *Chasteaupers*, *Chasteaugal*, *Chasteauneuf*, *Chastellain*, *Castelnau*, vieux *Chastel Castiglioni*, &c. & des Chasteaux.

Portier, la Porte, *Portoneri* en Piedmont des Portes.

Murat en Dauphiné, *Murard*, des murailles.

Colomne , *Colonneau* , des Colomnes.

La ville de *Saumur* en Anjou, un S. sous un mur.

Le Chapitre de N. D. de Doms Cathedrale d'Avignon un Dôme.

19. Les armes y ont eu bonne part pour la mesme raison.

Spada à Luques. d'azur, à deux Espées d'argent, les gardes d'or passées en sautoir, la pointe en bas.

Spada à Bologne, trois Espées couchées en bande, *Armes* deux Espées.

Chevalerie, d'azur à trois molettes d'or. Les Esperons dorez sont marque de Chevalerie.

Armuet en Dauphiné, d'azur à trois heaumes d'argent.

Arc en Baviere, *Arcuſſis* en Provence.
Arc en France des Arcs. *Arbaleſte* des
Arbaleſtes.

Richarme , des Caſques d'argent
ſommés chacun d'un ;Croiſſant d'or.

Aubergeon en Dauphiné , d'or à la
bande d'azur, chargée de trois *Hau-*
berts ou Haubergeons d'argent.

20. Harnois de cheval , de camp, &
de guerre.

Achey en Bourgogne , de gueules à
deux haches d'armes addoſſées d'argent
dreſſées en pal.

La ville de la Chaſtre en Berry , d'a-
zur à trois tentes de camp d'or. La
Chaſtre quaſi *Caſtrum.* *Satelin* en
Suaube d'or, à la ſelle de cheval de
gueules.

Le Meneſtrier à Dijon , d'azur au
Lion d'or, ſoûtenant un Eſtrier avec
ſon Eſtriviere de meſme. Ces Armoiries ſont aux vitres de leur Chappelle à
Saint Medard de Dijon , où ſont les
Tombeaux de trois de cette famille,
Controolleurs Generaux de l'Artillerie,
ſous les Ducs de Bourgogne , & ſous
nos Rois, *Iean Baptiſte* le Meneſtrier,
curieux en la recherche des Medailles,

a donné l'explication de celles des Empereurs & des Imperatrices, & Claude le Meneſtrier, Antiquaire du Pape Urbain VIII. & connu de ſon temps pour le plus intelligent de l'Europe, en la connoiſſance des Medailles, a laiſſé un traité de *Diana Epheſina*, que le Cardinal François Barberin a fait Imprimer.

Speroni à Padouë, coupé d'or & de gueules à trois Eſperons avec leurs ſou-pieds pendans de l'un en l'autre, la branche de la molette tournée en bas. Le celebre Sperone Speroni, à qui la ville de Padoüe a dreſſé un monument public dans la ſale de l'Hoſtel de Ville, auprés de celuy de Tite-live, eſtoit de cette maiſon. *Sperona* à Genes, deux Eſperons.

Les Carrareſi anciens Seigneurs de Padoüe, porterent d'argent à un chariot de guerre de gueules.

21. Les inſtrumens d'Agriculture.

Reilhane en Provence, d'azur au ſoc de Charruë, d'argent mis en pa¹. Le ſoc ſe dit *Reilhe* en langue Provençale.

Fauquieres, Faulquier, du Faulx, Faulque, Faulcé, des Faulx.

Seyturier en Bresse des Faulx. Ils disent en ce pais-là un *Seyturier* pour un
Faulcheur.

Poligny, un pot de Lys de Jardin.

Retel des Rateaux. *Giogo* à Genes un
Joug.

22. Instrumens mechaniques.

Mareschal à Chambery en Savoye,
d'argent, à des Tenailles de Mareschal,
d'azur mises en bande.

Du Butet, là mesme. de sable à trois
buttes de Marechal, d'or mises en poignée, c'est à dire deux en sautoir, l'autre en pal sur les deux autres.

Ferrier, *Montferrier*, *Ferrieres*,
des fers à cheval.

Roüer en Piedmont, *Carrete* en
Picardie, *Roüet*, *Charron*, *Catherine*
en Bourgogne des Roües, *Martel* des
Marteaux. *Mailly*, *Mailloc*, *Mail-*
lard, des Maillets.

Gachette la Mothe en Champagne,
d'argent au chevron de sable, accompagné de trois Gachettes ou petits ra-
bots.

Eschalon en Bugey, une Eschelle.

Buiamonti à Luques d'azur, a l'E-
chelle d'or. En Italien l'Executeur de

Juſtice ſe nomme *Il Boia* , & l'Echelle luy ſert à monter pour ſes Executions. Cette armoirie eſt un peu étrange.

Strigiapora à Genes , une Eſtrille.

23. Inſtrumens de Marine.

Garandeau d'or , a un Anchre de ſable mis en pal.

Leccavela à Genes , d'azur à trois voiles d'or.

La Nauve de gueules au Navire équippé d'argent , ſurmonté de trois Eſtoiles d'or.

Gravel , un Anchre , qui entre dans le ſable & dans le gravier pour affermir les Vaiſſeaax. De cette maiſon eſt Monſieur de Gravel , Plenipotentiaire pour le Roy à Ratiſbonne. Et Monſieur l'Abbé de Gravel ſon frere Reſident auprés de l'Electeur de Mayence.

24. Inſtrumens de Muſique.

Arpajon de gueules à la harpe d'or.

Davy du Perron , d'azur au chevron d'or , accompagné de trois harpes de meſme.

Touchart , d'azur à la harpe d'argent.

Sivori à Genes d'azur à la flute d'or.

Irlande , une harpe priſe par un Roy de ce Royaume nommé David.

25. Meubles Sacrez.

Sens en Normandie, de gueules au chevron d'argent, accompagné de trois Encenſoirs de meſme.

Bellegarde, d'azur à la cloche d'argent bataillée de ſable.

Saint Clair Puymartin, d'or à la cloche d'azur, on dit ſonner le clair pour le glais.

Canlers en Picardie d'azur à trois chandeliers d'or.

Galice un Calice couvert.

L'Hermite, un dizain de patenoſtre en chevron.

26. Inſtrumens de Chaſſe, & de Peſche.

Horne aux Païs-bas, d'or à trois trompes de gueules.

Le Veneur Tillieres. Des ſautoirs, dont on ſe ſert à fermer les foreſts.

La ville de *Horn* en Hollande, d'argent au cornet de ſable.

Iufré au Royaume de Murcie en Eſpagne, d'azur au Rets d'or rempliſſant tout l'Ecu, ſemé de Fleur-de-Lys, de meſme dans chaque maille.

Angelloch, en Suaube d'azur à un hameçon d'argent. Ils le nomment *Angel.*

E

27. Meubles, utenfiles.

Miron de gueules au miroir rond d'argent, & bordé d'un cercle pommetté, de mefme. Cette maifon eft venuë de Catalogne en France. Il y en a eu un Archevefque de Lion, & des Maiftres des Requeftes.

Efpeigne, *Le Pigne*, *Pettenati* à Verceil des Peignes.

Padilla en Efpagne, des Poëlles à frire. *Pignata*, *Pignatelli*, en Italie, *Pot*, *Oulette*, en France *Loyola* en Efpagne, des Marmites.

Claveyfon, *Clermont*, *Chatte*, *Cleyrieu*, en Dauphiné, *de Clugny* en Bourgogne, *De Claviniaco*. *Chaves* en Efpagne. *Chavenne* aux Grifons des Clefs.

Guiarro en Efpagne des Fufils.

28. La plus part des pieces qu'on nomme honorables en Armoiries y entrent par allufion aux noms.

Fondi, ville fur le chemin de Rome à Naples, d'argent au pal de gueules, pour reprefenter un foffé qui eft un fond, ou des fonds, ou champs divifez en trois.

Beauvais, ville en France, un pal,

pour signifier un beau chemin.

J'ay déja remarqué ailleurs, que *Goude* ville de Hollande, a aussi un pal, parce que *Gouu* en langue Cymbrique, signifie un fossé.

Viaro à Venise, de sable au pal d'argent.

Canale là mesme, d'azur au pal d'or, accosté de six Fleur-de-Lys de mesme.

Via à Genes, de gueules au pal d'or.

Strata. Là mesme, d'azur au pal d'argent, accosté de dix-huit Fleurs-de-Lys d'or, neuf de chaque costé de trois en trois.

29. *Long vy* en Bourgogne, *Longavia*, ou *Longus vicus*, d'azur à la bande d'or.

La ville de *Stratzbourg* en Allemagne, d'argent à la bande de gueules. *Stra:Z* est un chemin en Allemand, & en Italien *Strada*

Ligne D'azur à la bande d'or.

Roye en Picardie, de gueules à la bande d'argent.

Rivage de mesme. Une bande est une ligne, une Roye, & un Rivage.

La Riviere de sable, à une bande d'argent.

E ij

La Balme, *la Baume*, & *Bellecombe*
portent des bandes, parce que les def-
centes des lieux hauts fe nomment Bal-
mes & combes en diverfes Provinces.

Semur, en Bourgogne *fine muro*,
d'argent à trois bandes de gueules,com-
me trois chemins ouverts.

Baftet de Cruffol, Ducs d'Ufez, tres-
illuftre & tres-ancienne maifon, fafcé
d'or & de finople. Ce font des *baftes* en
langage de Vivarais.

Coffé, *Ducs de Briffac*, de fable à
trois fueilles de fcie d'or, ou trois fafces
danchées {, ou cochées, & *coffées*,
comme prononcent quelques-uns. Le
mot de *coche*, fe prend pour ces fortes
d'entaillures, d'où vient que l'on dit
encocher un trait, ou une fleche quand
on le met par fon entaillure fur la corde
de l'Arc.

La fafce & les bandes des armoiries
de la maifon de Pons, ne font que pour
reprefenter une Riviere & trois Ponts,
s'il s'en faut tenir aux vers de Monfieur
des Marets, en fon Poëme Epique de
Clovis.

Puis vient le brave Pons qui d'un bras
fans repos

Sur trois Ponts de Charente arresta tous
    les Gots
Renviant pour sa gloire & celle de sa
    race
L'exploit si renommé du valeureux
    Horace :
Et maintenant soûmis il conduit sous
    leurs Lois
Les forces de Xaintonge, & celles d'An-
    goumois.
Il porte le beau Nom de ce fait memo-
    rable,
Pour en rendre à jamais le souvenir
    durable
Et comme un fier vainqueur encore que
    vaincu
Il ose de trois Ponts enrichir son Ecu.

Semicourt, d'argent à la fasce de
gueules, ou de *Semita curta*, ou de *Se-
mi curtis*, demie basse-court.

Vianden, de gueules à la fasce d'argent.

31. Les Partitions mesmes ont souvent rapport au nom.

Nompar Tranché tiercé, d'or, de
gueules, & d'azur. Ce sont trois pieces
non égales.

Tresmont, parti d'argent & d'azur à

la fasce de gueules , qui sont trois pieces
égales , mais dont l'une traverse les deux
autres.

Mangiron , mal gironné.

Berenger , parti , tranché , taillé ,
coupé , qui est bien rangé.

Cartier en Tarentaise écartelé de quatre quartiers.

Terzi , à Bresse en Italie , parti d'argent & de gueules sur un coupé de sable
qui est un Ecu Tiercé.

32. Les pieces les plus irregulieres
ont aussi quelque rapport comme

Sublet d'azur au pal crenelé d'or maf-
sonné de sable, chargé d'un autre pal de
mesme. C'est un Pont-levis. *Pons Subli-*
cius. Lors qu'on ne jette que des plan-
ches sur les pilles déja faites.

Estampes d'azur à deux girons d'or en
forme d'estayes , que l'on nomme des
Estampes en quelques Provinces , où
l'on dit *Estamper des maisons* pour étan-
çonner.

Champagne porte une bande avec deux
cottices potencées côtre-potencées, c'est
la forme d'une campagne dont la bande
est le grand chemin , & les potences &
contre-potences les enclaves , & separa-
tions des terres.

Eſtrées d'argent fretté de ſable, c'eſt
Stratum un parquetage.

Fretard de gueules fretté d'argent.

33. Le Chevron.

Eſchalard la Boulaye d'azur au chevron d'or. C'eſt un *Eſchalard.*

Chevriers S. Mauris en Maſconnois
d'argent à trois chevrons de gueules.

Treceſſon en Bretagne, de gueules à
trois chevrons d'hermine.

Levi d'or à trois chevrons de ſables,
des Leviers.

34. Le Sautoir.

Decuſſé Bourgneuf d'argent au ſautoir de ſable, que les Latins nomment
decuſſis au Franc Canton de gueules à
deux poiſſons d'argent couchez en faſce.

Dix-Mude faſcé de huit pieces d'or
& d'azur à un ſautoir de gueules ſur le
tout, qui eſt un dix en chiffre Romaine.

Boiſleve d'azur à trois ſautoirs d'or.

35. La Croix & les Croiſettes.

Sainte Croix de Pagny, d'or à une
Croix de ſinople.

La Croix en pluſieurs Provinces, des
Croix.

E iiij

La Croix chevrieres en Dauphiné, trois croisettes en chef.

Cruës en Bresse un pal chargé de trois croisettes.

Croisiles, *Croisieres*, *Croce*, à Milan.

Croix en Flandres d'argent à la croix anchrée d'azur.

3. L'Echiqueté, le vair, & l'hermine.

Cybo à Gennes de gueules à une bande échiquetée d'or & d'azur. Les quarrez de l'Echiquier sont des Cubes.

Quarré en Bourgogne échiqueté d'argent & d'azur au chef d'or au Lion leopardé de sable.

Varax en Bresse écartelé de Vair & de gueules.

Vera en Espagne vairé.

Alvares en Espagne échiqueté d'argent & de gueules.

Arminier en Bourgogne, une fasce accompagnée de trois Hermines.

37. Les Lozanges & fusées.

Nagu en Bourgogne d'azur à trois lozanges d'argent qui sont aiguës rangées en fasce.

Montaign en Angleterre d'argent à

trois lozanges de gueules rangées en fasce.

Craon lozangé d'or & de gueules, qui font des crans.

Lozada en Espagne un lozange.

Ruder, en Dannemarck un lozange mis en bande. Ils nomment le lozange *Ruder*, & le prononcent *Rutre*, d'où est venu le nom des *Ruftres* en armoiries.

Filhet la Curée de gueules à cinq fusées d'argent mises en bandes.

38. Les Bezans & les Tourteaux.

Gitons en Poitou d'azur à trois bezans d'or. Ce font des Jettons.

Roëla en Espagne, de gueules à six bezans d'argent, chacun chargé de trois fasces d'azur. Ils nomment les bezans *Roëlas*.

Il est certain que les Tourteaux & les Bezans de la plufpart des Armoiries ont esté en leur origine des Boules, & des pilules, & que plufieurs familles les ont pris par allusion à leurs noms, comme

Boulogne d'or à trois tourteaux de gueules.

Builloud à Lion tranché d'argent &

d'azur à trois bezans, & trois tourteaux
de l'un en l'autre.

V. Bulovv au pays de Saxe , d'azur à
quatorze boules d'or. 4. 4. 3. 2. 1.

Medicis.

Boullene d'azur à la fafce d'or chargée
de trois tourteaux de gueules.

39. Le Ray d'Ecarboucle.

Ray en Bourgogne de gueules au Ray
d'Ecarboucle d'or.

40. Les Hameydes.

Hamedes d'or à trois hameydes de
gueules.

41. Les Rocs d'Echiquier.

Roquelaure d'azur à trois Rocs d'argent.

Rochette d'azur à trois Rocs d'or.

42. Les Emaux du blafon.

Rubei a Florence de gueules plain.

Della Roffa à Saluces , d'argent à la
bande de gueules. *banda roffa.*

Rouge en Bretagne , de gueules à la
croix pattée d'argent.

Blanc en Dauphiné , écartelé en fautoir d'argent & d'azur.

Roffi à Piftoye , d'or à trois paux de
gueules *Pali Roffi.*

Il me feroit aifé de produire plus de

deux mille exemples de ces armoiries
equivoques aux noms. Il n'y faut pas
toûjours chercher toute la justesse du
monde , il suffit souvent de quelque
rapport approchant ; & quand on y re-
gardera de prés , on verra que presque
toutes celles qui peuvent parler par-
lent.

Il y a plusieurs de ces Armoiries qui
font voir que l'usage du Blason n'est pas
aussi ancien que quelques-uns ont crû,
puisque la plus-part des armoiries des
Villes , & des communautez qui font
equivoques aux noms ; le font par rapport aux noms modernes, plûtost qu'aux
noms anciens.

La ville de Lion , dont le nom Latin
est *Lugdunum* porte un Lion. Celle
de Rheims, dont le nom Latin est *Rhe-
mi* , des Rainseaux , ou des *Rains*, comme on dit en langage vulgaire de ce
Pays-là. *Orenge* , Ville du Comtat
Venayssin , en Latin *Arausium* , une
Orange. L'Evesché d'Arras , en Latin
Atrebatum des Rats. La ville de Lisle
en Flandre , en Latin *Insula*, une fleur
de lys. Le Royaume de Leon en Espagne , *Legionis Regnum* un Lion. Tour-

nay ville de Flandres, *Tornacum*, une Tour.

L'Abbaye de Pontigny en Bourgogne de l'Ordre de Cisteaux. *Pontiniacum*, un Pont & un Arbre, sur lequel est un nid d'oyseaux.

Poissy dans l'Isle de France, un Poisson avec des fleur de lys. *Lerida*, en Latin *Ilerda*, des lys sur les paux d'Arragon.

La ville de Madrid a des Armoiries parlantes de trois manieres, puisqu'elle porte d'argent à un Arbousier qui se dit *Madroño*, en langue Espagnole, un Ours au naturel rampant contre cét arbre, parce qu'anciennement on la nommoit *Vrsaria*: pour la mesme raison elle ajoûte une bordure d'azur à sept Estoilles d'or, qui sont les sept Estoiles de l'ourse, que les Latins nommoient *Carpentum*, comme Madrid se nommoit *Mantua Carpetanorum*,

Gasparo Bombacci a ramassé au Chap. IX. de son Araldo les armoiries parlantes des familles Boulognoises, où on en peut voir de toutes les manieres naturelles, metaphoriques, symboliques, enigmatiques, & en rebus.

In Bologna non ſi negara che ve ne
ſiano abõdevolmente, métre che ſi vede
la mano che benediſce de i *Segni*: il Ca-
ſtello de *Caſtelli*, le ſpade de gli *Spada*;
le ſpade e le mani ſtaccate de i *Manta-
chetti*, il braccio armato, e la Mazza de
i *Mazza Canobi*. La Mazza che *clava*
ſi dice in latino de i Giavarini, o *Cla-
varini*, i graffi de i *Graffi* la ſcala de i
Scali: la ſega de i *Sega* e de i *Seghicelli*.
La ſega co i denti vicini ad altretanti
danari da i *Segadenari*, Il ſacco de *Sac-
chi*, gli Aghi de gli *Agocchi*, le Botte
de *Bottrigari*. i cerei de i *Cerioli*. i Car-
boni acceſi de i *Carboneſi*, il mezzo
moro ignudo e bendato de i *Negri*. La
Maſchera de i *Maſcari Budrioli*. i tre
volti di Giovani de i *Belviſi*. le tre teſte
co i turbanti de i *Turchi*. Il cavallo
nell'atto del Corſo de gli *Accorſi*, e il
ferro da Cavallo de i *Mareſcalchi*. Il
ſole de *ſolimei* le ſtelle de gli *Stella* e dè'
Luminaſi, la Luna de i *Luna* e de gli
antichi *Lunardi* detti poſcia della *Tuà*,
i monti de *Montarenzi* i monti co i
chiodi (che *clavi* ſi dicono in latino) de
i *Montecalvi* quaſi monteclavi, i monti
bianchi de *Geſſi*, la Felce de i *Felicini* le

canne de *Cannetoli*, gli sgarzi de *Garzoni*. Le spiche de i *Luchini* già detti *Biava*. La Palma de *Palmieri*, gli alberi Pino, Moro e Lazaro de i *Pini* de i *Morandi*, e de *Lazari*. La saluia de i *Savi Dondini*. il fiore de i *Fioravanti*, il giglio de i *Gigli*, la Fontana de i *Fontana*. Il pozzo de i vecchi *Samaritani*, L'acqua a i piedi del Leone de i *Molli*, e i delfini de i *Delfini Dosi*. L'Aquila coronata de i *Principi*. Il gallo de i *Gallucci*, e de i *Ghelli*. le teste de i Galli de i *Gallesi*. Il fasano de i *Fasanini*. l'Ala de gli *Alamandini*, le Tortore de *Tortorelli*, Il Colombo habitator delle case de i *Casarenghi*. il pollo de i *Pollicini*. l'Elefante de gli *Elefantucci* L'orso de gli *Orsi*, il Leone de' *Leoni*, il can negro quasi Cane peggiore de i *Campeggi*, il Cane de *Caccialupi* le zampe del Lupo de' *Lupari*. i cani, e la pelle in banda de i *Pellicani*. il mezzocane, e le fibbie' de *Castracani Fibbia*. la ginetta de i *Gianettini*. La Mezza vacca de i *Mezza vacca*, la testa del Manzo de i *Manzini* il bue de i *Buoi*, il Toro de i *Torelli*, il becco e le Monete de gli *Scannabecchi moneta*: i monti bianchi e l'Alicorno de gli *Alicorni Montalbani*, il griffo de i *Griffoni*, l'hidra co i fette capi de i *Capacelli*, e la bifcia rivolta in giri de i *Guaftavillani*. Ils l'ont depuis changée en des vires. Voilà en une feule Ville tout ce qu'il y a dans la nature mis en armoiries par rapport aux noms des Maifons.

CHAPITRE II.

Des Divifes ou Figures de fimples traits de Partitions, & d'Ornemens.

LA pratique des Armoiries fur les bannieres & fur les cottes d'armes, a introduit dans le Blafon la plus-part des figures de partitions, parce qu'on s'habilloit anciennement d'habits bigarrez de diverfes bandes, particuliere-ment pour la guerre, & la plus-part des bannieres & des cottes d'armes eftoient bandées, pallées, cotticées comme la plus-part des drappeaux font encore au-jourd'huy tiercez, écartelez, bandez, ondez, vivrez. Ces fortes d'habits fe nommoient *divifes*, parce qu'ils étoient

de plusieurs pieces divisées & cousuës
ensemble. Les Suisses en ont retenu
l'usage, & les Armoiries des anciens
Chevaliers de la Toison, & de S. Michel sont en plusieurs endroits sur des
planchettes pallées de diverses couleurs
pour representer ces anciennes *divises*,
des cottes d'armes. De là est venu le
Terme de fasce en *divise*, ou en *devise*,
quand elle n'a pas toute sa largeur, parce que les fasces estoient toûjours plus
petites quand on les multiplioit pour les
mettre en divises.

Virgile a décrit les anciens habits des
Gaulois de cette sorte, au huitiéme
Livre de l'Eneide.

Aurea Cæsaries ollis, atque aurea
    vestis.

Virgatis lucent sagulis.
Quasi viæ quædam in virgarum mo-
dum deductæ sectæque : Quibus vesti-
bus pueri, mulieres, & milites potissi-
mum utuntur. Vulgo *stricati & divi-*
sati & inde *Livrea* in militaribus ve-
stimentis dicta, dit Erithrée en ses notes sur l'Eneide.

Les habits, robes, ou manteaux de
deux couleurs sont communs pour les
                                Consuls,

Confuls, & Officiers de plufieurs Villes : D'où vient que quantité de Villes portent pour armoiries parti, coupé, tranché, & écartelé.

Mets, parti d'argent & de fable.

Bergame, Ville de Lombardie, parti d'or & de gueules.

Bari, au Royaume de Naples, parti d'argent & de gueules.

Montepulciano, de mefme

Fano, en la Marche d'Ancone, parti crenelé de deux pieces d'argent & gueules.

Lucques, *Siene*, *Ferrrare*, coupé d'argent & de gueules.

Naples, coupé d'or & de gueules.

Vtrecht, tranché d'argent fur gueules.

Zurich, en Suiffe, taillé d'argent fur azur.

Benevent, *Gayette*, *Altamura*, *Sanctagatha*, *Tropœa*, Villes au Royaume de Naples, écartelé d'argent & de gueules.

Plufieurs villes d'Allemagne font le mefme.

Vlmes, coupé de fable & d'argent.

Lubeck, coupé d'argent & de gueules

F

les. *Halberstat* , de mesme. *Soleurre,* de mesme.

   Vndervvaldt , coupé de gueules & d'argent.

   Lucerne, parti d'azur & d'argent.

   Reutlingen , tiercé en fasce de sable de gueule & d'argent.

   Une infinité de Familles des plus nobles & des plus anciennes., ont pris de ces armoiries de partitions, comme

   1. 2. 3. Les Marquis de Montferrat, d'argent au chef de gueules. Le chef seul est tres-rare dans les armoiries d'Italie qui sont plûtost coupées qu'elles n'ont des chefs , ou parce qu'en ce pays de Republiques , on n'a voulu souffrir ny ces marques , ny ces noms de preference : ou parce qu'ayant esté presque toûjours divisée en partis & en factions des Guelphes , & des Gibelins, des blancs & des noirs , elle a pris ces marques de partis & de factions en partitions. Ce fut ce qui causa du trouble au siege de Constantinople que fit l'Empereur Baudoin avec Henry Dandolo , Doge de Venise , & le Marquis de Montferrat , parce que ce Marquis portant d'argent au chef de gueules , &

le Doge coupé d'argent & de gueules.
Nos soldats au ralliement se trompoient
souvent, ceux du Doge se rangeant sous
la banniere du Marquis, & ceux du
Marquis sous la banniere du Doge, ce
que voyant Henry Dandolo il changea
ses armoiries qui estoient coupées d'argent & de gueules en coupé d'argent &
d'azur à six Fleurs de Lys, de l'un en
l'autre, trois sur l'argent, & trois sur l'a-
sur à cause des François qui l'avoient
suivy. Les Dandoli descendus de ce Doge ont encore ces Armoiries. Les autres de la mesme famille retinrent coupé
d'argent & de gueules, & François
Dandolo ayant esté envoyé Ambassadeur à Rome pour faire lever l'Excom-
munication qu'un Pape avoit jettée sur
la Republique, ajoûta une croisette
d'argent sur le gueules.

4. *Austriche* de gueules à la fasce
d'argent.

La Poype en Dauphiné & *Lastig* en
Auvergne de mesme.

Ces conformités d'armoiries ont souvent donné occasion de flatter des familles d'estre sorties des maisons Souveraines, parce qu'elles avoient les

mesmes armes. Ainsi quelques Autheurs
ont voulu dire que la maison de la
Chambre en Savoye estoit sortie de celle de *Bourbon*, parce que ses armoiries
étoient les mêmes que celles de l'ancien
Bourbon, semé de France au baston de
gueules brochãt sur le tout. On a preté-
du que tous ceux, qui portoient des Hermines venoient de Bretagne. On a fait
sortir les *Gusmans* d'Espagne des Ducs
de Bretagne. S'il n'y a pas d'autre preuve de ces descendances que la confor-
mité des armoiries, elle est tres-foible.
Y en ayant une infinité qui sont les mesmes, sans qu'il y ait aucune affinité de
sang entre les maisons qui les portent.
Richelieu & *Bassompierre* ont les mesmes armoiries d'argent à trois chevrons de gueules.

5. *Croy* d'argent à trois fasces de
gueules. Scohier qui a fait la Genealogie de cette maison, la fait descendre
des Rois de Hongrie dont les armoiries
sont presque les mesmes.

6. *Quelem* Burellé d'argent & de
gueules.

7. *Rantzou* au pays d'Holstein, dont
un Mareschal de France, party de

guenles &d'argent. Il y a des tombeaux
de cette maison à Lubec qui font de
l'an 1357. & 1358. & j'ay trouvé cette
Epigramme fur ces armoiries fimples, &
fur le cimier de Tournoy de deux cornets.

Ranzovii Rubra eft clypei pars dextra,
  finiftra eft
      Candida, fed caffis cornua bina
        gerit,
Cornua funt Robur Martis, color alter,
  & alter
      Pacis, utrumque fatos nobilitate
        docet.
Forma, quid hæc fimplex, fimplex fuit
  ipfa vetuftas
      Simplicitas formæ ftemmata prifca
        notat.

Cette Epigramme nous apprend que
les armoiries les plus fimples font les
plus nobles, parce qu'il eft certain que
plufieurs eftant venuës des Bannieres, &
des habits de Tournoy, on y affectoit
cette fimplicité. Secondement le qua-
trième vers nous apprend que cet Ecu
fimple, & les cornets du cimier font des
marques de la nobleffe de cette maifon,
parce qu'il falloit faire preuve de no-

blesse pour assister aux Tournois , &
deux cornets estoient la marque qu'on
y avoit esté deux fois , & qu'on n'e-
stoit plus obligé à faire preuve, comme
j'ay remarqué au traité de l'origine des
Armoiries.

8. *Biedma* en Espagne d'or au pal de
gueules, ce sont les premieres & anciennes armes de la maison des Marquis de
Caracene , qui y ont depuis ajoûté des
chaudieres & un lion pour d'autres maisons fonduës dans la leur.

9. *Heldrieth* en Franconie tiercé de
gueules, d'argent & d'azur.

10. *Arragon* d'or à quatre pals de
gueules.

11. *Amboise* pallé d'or & de gueules.
S. *Brice* en Bretagne de mesme.

Launay Briqueville en Normandie
de mesme.

Mars de mesme.

12. *Limoges* d'hermine à la bordure
de gueules. Ce sont les armoiries des
anciens Vicomtes de Limoges depuis
Guy fils d'Artus II. Duc Bretagne , &
de Marie fille & heritiere de Guy IV.
Viconte de Limoge.

13. *Vtrecht* d'argent tranché de gueules.

Tournel en Languedoc , porte au contraire de gueules tranché d'argent.

Gauffridi en Provence de mesme.

Capponi à Florence de sable tranché d'argent.

Soranzo à Venise d'or tranché d'azur.

14. *Ligne* aux Pays-Bas , d'or à la bande de gueules. Cette maison est des plus illustres. Elle est ancienne banniere de Flandres , & il y en a eu plusieurs Chevaliers de la Toison d'or.

15. *Escoubleau Marquis de Sourdis,* party d'azur &de gueules à la bāde d'or.

Budos Marquis de Portes d'azur à trois bandes d'or.

17. Bourgogne ancien bandé d'or & d'azur à la bordure de gueules.

18. *Souvré* d'azur à cinq cottices d'or.

17. *Bouteiller* de Senlis. Ecartelé d'or & de gueules.

Du Saix en Bresse de mesme.

Thezan en Languedoc de mesme.

Chaugy en Bourgogne de mesme.

Astarac en Guyenne de mesme.

20. *Bagni* à Florence écartelé d'or & d'azur. Il y a eu un Cardinal de ce nom aprés avoir esté Nonce en France,

& Vicelegat d'Avignon.

21. *Maugiron* en Dauphiné party, tranché, taillé, de fable & d'argent, que l'on nomme armoiries mal gyronnées. M. Chorier Hiftorien du Dauphiné a fait un bel éloge de cette maifon dans le nobiliaire qu'il a fait de fa Province, où ce nom eft confiderable pour les grands hommes qui l'ont porté, & qui le portent encore.

22. *Acerac* en Bretagne gyronné d'or & d'azur.

23. *Bauffremont* en Bourgogne dont les Seigneurs de Senecey, & d'autres branches en Franche-Comté, vairé d'or & de gueules.

24. *Berlaymont* ou *Bourlemont*, fafcé de vair & de gueules.

Coucy de mefme en Picardie.

Breffieu en Dauphiné de mefme.

Coetmanech en Bretagne de mefme. Ces quatre maifons font des plus illuftres. Auffi cette maniere d'habit eftoit des plus grands Seigneurs.

25. *Alinges* en Savoye d'or à la Croix de gueules le Marquis de Coudray en Genevois eft chef de cette Maifon, dont Vulfon, la Colombiere fait defcendre

cendre celle des Salvains de Dauphiné.

26. *Angennes* de fable au fautoir d'argent. Sur la fin du fiecle paffé, cinq freres de ce nom rendirent cette maifon celebre par leurs negotiations. Trois eftoient Chevalliers des Ordres du Roy, un autre Cardinal, & un autre Evefque, & tous cinq furent Ambaffadeurs en mefme temps. Le portrait du Cardinal eft dans l'Eglife de S. Loüis des François à Rome, avec un titre de fondation pour le mariage de quelques filles orphelines. Julie Lucine d'Angenes Ducheffe de Montaufier, n'a pas moins rendu celebre ce nom en ce fiecle par fes vertus & par la folidité de fon efprit. C'eft elle que tous nos Poëtes ont chantée fous le nom de Julie.

27. *Buffi* Rabutin, cinq points d'or équipolez à quatre de gueules.

28. *Soicourt*, d'argent fretté de gueules.

29. *Hangeft*, échiqueté d'argent & de gueules.

Vento à Marfeille & à Genes de mefme.

Poulmic en Bretagne de mefme.

30. *Turpin Criffé* lozangé d'argent & de gueules.

G

Turpin Vauvredon en Orléanois, lozangé d'or & de gueules.

31. *La Rochefoucault* burellé d'argent & d'azur à trois chevrons de gueules brochans sur le tout dont le premier a la pointe coupée. M. Du Chesne a publié dans une longue fueille la Genealogie de cette maison, qui s'est alliée avec les plus puissantes familles de France. Elle a Duché & Pairrie, & a donné à la Guyenne une Duchesse, mere d'une Reine de France & d'Angleterre, du sang de laquelle sont sortis depuis presque tous les Souverains de l'Europe, & à l'Eglise un Cardinal celebre pour ses vertus, & pour sa pieté très-exemplaire.

32. *Cleves*, Maison Souveraine, de gueules au Ray d'Ecarboucle. Cette armoirie est un pur ornement de broderie assez commun en armes, puis qu'outre les maisons de Cleves & de Ray, & de Giry Veillau en Nivernois qui portent ce Ray. Il fait les Armoiries de l'Abbaye de S. Victor à Paris. De celles de Cisoing, & de Marchiennes en Flandres. De celle de Van Beren au pays de Brabant. En Allemagne les Seigneurs de

Schonberg. Ceux de Greiffenclavv, les Comtes Dasperg, & ceux de Hohenpogen, la Maison de Bucken, & celle de Reinbotlin en Alsace. Grimberghen, & de Bock en Brabant en portent. Il y en a un sur le bouclier d'une statuë qui est à une des petites portes de N. D. de Paris. Je ne doute point que ce ne soit ce grand nombre de figures de cette sorte en armoiries qui ait fait prendre à nos vieux Herauts les chaisnes des armoiries de Navarre pour un Ray d'Ecarboucle, parce qu'elles sont disposées de la mesme sorte.

33. *Du Bec* Marquis de Vardes fuselé d'argent & de gueules, cette maison est sortie de celle des *Grimaldi* Princes de Monaco qui ont les mesmes armoiries.

34. *Landas* au Pays-bas, party emmanché d'argent & de gueules. C'est une des anciennes bannieres de Flandres.

Hotman à Paris de mesme.

35. *Foucaut* semé de France. Les Comtes & Marquis du Daugnion, & Saint Germain Beaupré sont de cette maison.

36. *Foſſeux* de gueules à trois jumelles d'argent.

S. *Iulien Baleurre* en Bourgogne de meſme.

Noyelle, & *Vvyon* au Pays-bas de meſme.

S. *Cheron* de meſme.

37. Des Bannieres eſt venu l'uſage des armoiries en banniere que l'on void en divers endroits. En l'Abbaye de Gomer Fontaine au Vexin François, eſt un Ecuſſon en banniere des armoiries de *Trie* & de *Chaumont*. Il eſt parti, au premier d'argent à la bande d'azur chargé vers le chef d'une eſtoille d'or pour briſure. C'eſt l'armoirie de *Trie*, au 2. d'argent à cinq trangles de gueules.

Cette maiſon eſt des plus anciennes & des plus illuſtres du Royaume, elle a donné des Conneſtables aux armées de nos Rois, & elle a fait diverſes branches, des Comtes de Vexin, Porte-Oriflames de France, des Seigneurs de Chaumont, des Seigneurs de Trie, & des Seigneurs de Dammartin dont on void encore divers tombeaux dans l'Abbaye de Gomer-Fontaine dont ils eſtoient Fondateurs. M. de Guitry grand

Maiſtre de la Garderobe du Roy, tué en la derniere guerre de Hollande, eſtoit de cette maiſon. Monſieur l'Eveſque d'Achs connu auparavant ſous le nom d'Abbé de Chaumont en eſt auſſi.

38. *La Trimoüille*, d'or au chevron de gueules accompagné de trois aiglettes d'azur becquées & membrées de gueules. Cet Écuſſon en banniere de cette maiſon eſt en une Chapelle de la Sainte Chappelle de Dijon. On a donné dans une longue feüille la genealogie de cette Maiſon, & un traité de ſes pretenſions ſur le Royaume de Naples.

39. *Gombaud de Larbour*, d'or à trois Merlettes de ſable au chef de gueules. Feu M. d'Hoſier a publié la genealogie de cette maiſon.

40. *Nucheſes*, de gueules à neuf molettes d'argent. 3. 3. 3. Ils écartellent de Bourbon, de Desfrancs, de Brizay Beaumont, de Chabanes, de Saux Tavanes, d'Inteville, & de Chaſtenay, & mettent ſur le tout leur Ecuſſon en Banniere comme fait l'ancienne nobleſſe de Poitou,

41. *Chaſtelus* en Bourgogne, d'azur à la bande d'or accompagnée de ſept bil-

lettres de mefme. Elles font en banniere
dans la Chapelle fouterraine de l'Eglife
Cathedrale d'Auxerre, où font les tombeaux de cette maifon. Ils eftoient autrefois dans le Chœur. Claude de Beauvoir fieur de Chalus Vicomte d'Ava-
lon, Confeiller & Chambellan du Duc
de Bourgogne, Gouverneur du Nivernois, & Marefchal de France s'acquit
en 1423. & à fa pofterité Seigneurs de
Chatelus la dignité de Chanoine here-
ditaire de l'Eglife Cathedrale d'Auxerre,
en confideration des grands fervices
qu'il rendit audit Chapitre de la mefme
Eglife. Parce que la ville de Crevant qui
appartenoit au Chapitre d'Auxerre ayant
efté prife par les ennemis il s'en rendit
maiftre fur eux, & la deffendit durant
cinq femaines jufqu'au temps de la bataille, où il fe trouva faifant une vi-
goureufe fortie fur les ennemis. Il remit
cette ville au Chapitre d'Auxerre, qui
en reconnoiffance accorda pour luy &
fes defcendans Seigneurs de Chatelus,
une Prebende perpetuelle, avec une dignité de Chanoine honoraire, & per-
miffion d'affifter en furplis dans le
Chœur. Ses armoiries eftoient telles

que je les ay décrites , comme Mr. le Laboureur, tres-intelligent en l'Histore, Blasons & Genealogies, & M. Du Bouchet ont justifié par les sceaux de ce Mareschal , à qui le Feron a donné d'autres armes par erreur, comme il a fait pour plusieurs autres.

42. *Monthoux* en Genevois , d'or au chevron de gueules. Elles font en bannière à Annecy , c'est une tres-ancienne maison.

CHAPITRE III.

Des Figures Symboliques.

J'Appelle figures Symboliques , celles qui outre qu'elles servent à distinguer les familles , & à marquer leur noblesse , servent encore à rappeller le souvenir de quelque évenement ou de quelque action glorieuse. Telles font les armoiries de

1. *Montmorency* , d'or à la Croix de gueules accompagnée de seize Alerions d'azur pour marquer autant de drapeaux pris sur les Imperiaux par deux illustres de cette maison.

2. *Baux* de gueules à une Estoile de

feize Rais d'argent, parce qu'ils se difoient iffus d'un des trois Rois, qui
adorerent noftre Seigneur. Ils ont efté
Souverains d'Orange, & grands Seigneurs fous les Rois de Naples.

3. *De Meaux*, Boifbaudran, dargent
à cinq Couronnes d'Efpines. 2. 2. 1.
c'eft la marque de la Pieté d'un de cette maifon, qui apporta la fainte Couronne du Fils de Dieu, qui eft gardée
dans la Sainte Chapelle de Paris.

4. La Famille de S. Roch en Languedoc d'azur à la Croix d'or, parce que
S. Roch naquît avec une Croix imprimée fur fon corps Andoque Hift. de
Languedoc l. 12. M. René Gafpart de
la Croix Marquisde Caftries, Chevalier des Ordres du Roy, Gouverneur
de la ville de Montpellier, & Lieutenant General en Languedoc eft à prefent l'aifné de cette maifon. Les Puifnés
qui font les Vicomtes de Semoine, Barons de Plancy en Champagne, & les
fieurs de Suelies, Candillargues, &
Meyrargues en Languedoc, chargent
la Croix pour difference d'un Croiffant
de gueules en cœur. Meffieurs du Plef-
fis Guenegaud écartelent de Plancy.

& Monsieur le President de *Solas* de Montpellier, de Suelies.

Les Comtes du Vexin de la maison de Chaumont portoient semé de France au lambel d'hermine, comme anciens Porte-Oriflames. Monsieur le Marquis de Guitry Grand-Maistre de la Garderobe du Roy avoit obtenu de sa Majesté la permission de reprendre ces anciennes armoiries de sa famille, qu'il avoit fait mettre sur la porte de sa maison à saint Germain avec deux lyons, qui portent des Oriflames pour supports, & un troisiéme en cimier.

6. *Du Lys* d'azur à une épée nuë d'argent, la garde d'or surmontée d'une couronne d'or en chef, & accostée de deux Fleurs-de-Lys de mesme. Ce sont les Armoiries que Charles VI. donna aux freres de la Pucelle d'Orleans, & c'estoit la devise qu'elle portoit en son drappeau.

7. *Giron* en Espagne dont les Ducs d'Ossonne de gueules à trois girons d'or, mouvans de la pointe vers le chef ou coupé émanché de quatre pieces du chef vers la pointe, & de trois de la pointe vers le chef. Ce sont trois gyrons ou

trois pieces de la cotte d'armes du Roy
Alfonse 6. qui ayant eu son cheval tué
sous luy en un combat contre les Mores, & estant en danger de sa personne,
en fut tiré par Dom Rodrigue de Cisneros, qui luy donna son cheval, &
luy coupa ces trois girons de sa cotte
d'armes pour avoir occasion de se faire
connoistre à luy, quand il seroit hors
de danger. Ce qu'il fit s'estant presenté
à ce Prince, à qui il demanda de pouvoir porter ces trois girons pour armoiries avec un cheval en cimier, qui fissent
connoistre á sa posterité le service qu'il
avoit rendu à son Roy. Gracia Dei entre les rimes qu'il a fait pour les maisons
d'Espagne parle de cette action & dit.

Fama en Cisneros pusistes
De Leal generacion
Pues vuestro Rey soccorristes
Quando el cavallo le distes
Y ganastes el giron.

L'occasion de cette armoirie est ex-
pliquée plus au long dans l'Histoire de
cette maison sur le rapport d'un Archidiacre, qui l'a décrite en ces termes.
Dizen que en una batalla que el Rey
Dom Alonso vvo con los moros, le

mataron el cavallo y estuvo al peligro de muerte, si Don Rodrigo de Cisneros no le soccorriera con su mesmo cavallo, y al tiempo que el Rey cavalgò el le cortò tres girones de un sayo Amarillo que traya sobre las armas, y lo guardò, y aun con ellos se atò las heridas que los Moros les dieron en aquella batalla, y como el Rey despues quisiesse saber quien le avia soccorrido con el cavallo, pareciò aquel cavallero, y mostro los girones del sayo del Rey ensangrentados, por lo qual el Rey le hizo grandes mercedes, y lo hiso conde.

Ils ont depuis ajoûté un chef party de Castille & de Leon pour marquer les alliances qu'ils avoient avec ces Royales maisons, une bordure échiquetée de deux traits pour marquer leur ancienne origine de la maison de Cisneros, & 8. petits Ecussons de Portugal sur cette mesme bordure, pour marquer leurs alliances avec la maison Royalle de Portugal. *Geronimo Gudiel* a donné la genealogie entiere de cette maison avec toutes ses branches, & ses alliances.

8. *Estaing* en Auvergne d'azur à trois
Fleur-de-Lys d'or au chef de mesme.
C'est pour une occasion presque semblable, & pour un service à peu prés de
la mesme nature rendu à un de nos
Rois, qu'un de cette maison merita de
recevoir ces armoiries de France à la
seule difference d'un chef.

9. Le Cardinal George da Costa
Portugais, Archevesque de Lisbonne,
& de Brague, depuis Evesque Cardinal
de Porto, prit pour armoiries la Roüe
de Sainte Catherine, à cause de l'Infante Catherine fille du Roy Edoüard de
Portugal, laquelle l'ayant ouy prescher
le choisit pour son Maistre & son Chap-
pellain, depuis estant Cardinal, il fit
bâtir à Rome une Chappelle de Sainte
Catherine, dans l'Eglise de N. D. del
Populo, tant à cause de l'Infante, que
pour son nom de Costa, parce que la
tradition donne un nom semblable au
Pere de Sainte Catherine.

10. Clement IV. donna aux Guelphes une armoirie symbolique, d'argent, à un Aigle de gueules, qui tenoit
sous ses pieds un Dragon de synople,
par lequel il vouloit representer l'Empe-

teur Frideric, chef du party Gibellin. Cette armoirie ou devise, se voit encore à Florence sur le grand Pont. Et André Victorellus, qui a augmenté Ciaconius, l'a fait representer avec ces mots au dessus. *Insigne quod Clemens IV. Papa fidelibus Ecclesiæ Romanæ, quod gestarent invenit, & largitus est Guelphis.*

Ce mesme Pape, que plusieurs Autheurs font de la Maison des Gros, qui porte un Aigle pour armoiries prit d'or à six Fleur-de-Lys d'azur, pour representer les six années qu'il avoit servy dans le Conseil de Saint Loüis. *Clemens adlectus in Pontificem scutarium symbolum mutavit relicta aquila nigra gentilitiæ Parmæ imagine, sex cianea lilia aureo laterculo impressa delegit. Egregiam sex annorum operam Guido, inter sanctioris Consilij Patres, S. Ludovico Galliarum Regi navaverat; tanti Regis memor, studiosusque, ad Maximi Pontificatus apicem vocatus, lilia non aquilam voluit. Additio Andreæ Victorelli ad Ciaconium in Clemente IV.* Il y a plus d'apparence que ce fut pour se distinguer des

Gibellins ſes ennemis qui avoient une
Aigle de ſable pour armoirie tout à fait
ſemblable à la ſienne, ce qui auroit pû
cauſer d'étranges deſordres en ces
temps-là. Il y a à Florence auprés de la
grande Egliſe un Ecuſſon ſemé de
Fleur-de-Lys avec les deux clefs des
armoiries de l'Egliſe, qui pourroient
eſtre de ce temps-là. Jamais Pape n'a
eſté ſi reſervé pour ſa famille que celuy-
là, quoy qu'il fut bon Gentilhomme.
Auſſi-toſt qu'il fut fait Pape, il écrivit
une lettre à ſon neveu Pierre Gros de
Saint Gilles, pour l'avertir que bien
loin de s'élever pour la nouvelle dignité, qui eſtoit entrée dans leur famille,
il vouloit qu'il en fut plus humble, &
qu'il luy defendoit expreſſement, & à
luy, & à ſon frere, & à tous ſes autres
parens de le venir trouver ſans ſon commandement exprés, autrement qu'il les
renvoyeroit chés eux avec leur confu-
ſion. Qu'il vouloit que ſes nieces fuſſent mariées comme elles auroient eſté
auparavant qu'il fut Pape, & qu'au cas
qu'il les mariât ſelon leur condition à
des Gentilshommes, il augmenteroit
leur dot de trois cens livres tournoiſes,

au de là desquelles elles n'auroient jamais un denier de luy. Qu'il ne vouloit pas qu'on luy recommandât perſonne, ſi l'on ne vouloit qu'il n'obtint pas ce qu'il demanderoit, & qu'abſolument il leur defendoit de recevoir aucun preſent à l'occaſion de ſa nouvelle dignité. On apprend par la concluſion de ce Bref, que les Papes avoient deſlors deux ſceaux, l'un pour les Bulles, qui s'imprime en plomb, & l'autre du peſcheur pour les Brefs. *Non ſcribimus tibi, nec familiaribus noſtris ſub Bulla, ſed ſub Piſcatoris ſigillo, quo Romani Pontifices in ſuis ſecretis utuntur.*

II. La Republique de Veniſe a pour armoiries un Lion aiſlé, qui tient un livre. C'eſt le ſymbole de Saint Marc, à l'occaſion duquel on raconte une plaiſante hiſtoire d'un Nonce, qui ayant appellé un Peintre pour luy faire une Image de Saint Marc, ce Peintre luy demanda s'il vouloit qu'il montrat les dents & les griffes, & qu'il euſt une longue queuë. Et que le Nonce luy ayant dit en colere s'il prenoit ce Saint pour une beſte, il luy répondit froidement, qu'il avoit toûjours peint comme

cela, parce qu'en tous les Edifices publics de Venise, & en toutes les monnoyes, il est representé par ce symbole, que le peuple nomme *san Marco.*

12. *Chasteauneuf* en Dauphiné, d'or
à trois Taux de Saint Antoine, d'azur
au chef de gueules, parce que Josselin
de Chasteauneuf apporta le corps de ce
Saint en Dauphiné.

13. Les Comtes de Mars en Italie,
d'or à six montagnes entassées de sinople. Zazzera, dit que c'est pour representer leurs fiefs de Tagliacozzo, Fu-
cino, & Celano, qui sont aux pieds
des montagnes, dont Virgile a parlé en
ce vers du 7. de l'Eneïde.

Et Marsis quæsita in montibus Herbæ.

14. *Micheli* à Venise, fascé d'azur
& d'argent à vingt bezans d'or sur les
fasces. Dominique Micheli estant Doge
de Venise. Baudoin II. Roy de Jerusalem, & le Pape Calixte écrivirent au
Senat & à la Republique de Venise,
pour leur demander du secours contre
les Infidelles, ce Doge y alla en personne, & se trouva au siege de Tyr,

&

& l'argent luy ayant manqué pour
payer l'armée Navale , il fit faire de la
monnoye de cuir, avec promesse de la
changer auffitoft qu'il feroit arrivé a
Venife, ce qu'il fit, retenant vingt de
ces pieces de monnoye en armoiries.
Pierre Juftiniani Hiftorien de Venife,
raconte cette occafion des armoiries de
cette maifon au livre 2. de fon hiftoire
de Venife. *Michaëlis inventum hoc
fuiffe traditur, quod prudens ingenio-
fumque planè fuit Afiatica enim illa
expeditione, quùm pecunia in claffe ad
ftipendium nautis, militibufque perfol-
vendum defeciffet, novum numifma
ex loro publicâ notâ Michaël fignari
juffit. Illudque pro aureo & argenteo
ftipendiariis omnibus diftribuit, pollici-
tus fore, publicâ fide interpofitâ, ut
mox quùm Venetias claffis applicuiffet
pro Alutinis, ex auro & argento ex-
cufi pari numero habentibus redderen-
tur nummi : atque ità claffe ex Afia re-
versâ juxtà pactionem fidemque datam
omnibus fatisfactum; & Michaëlia familia in hujufce rei argumentum genti-
libus fignis de illa die auream geftat
nummorum figurationem.* Cela arriva
environ l'an 1130.

H

15. *Simancas* en Efpagne, un château fommé d'une étoile, & une bordure chargée de fept mains gauches. Dom Mauro Caftella Ferrer, raconte en fon hiftoire de Saint Jacques, qu'il nomme Patron & Capitaine general d'Efpagne, que les anciens Rois d'Efpagne ayant efté obligés pour faire la Paix avec les Mores, de leur donner un certain nombre de filles en tribut, que fept filles de condition s'eftant vuës deftinées à cét infame tribut, & eftant refervées pour cela dans une tour, elles fe couperent toutes de concert la main gauche, afin que les Mores ne vouluffent point d'elles, neantmoins les ayant demandées en l'eftat auquel elles eftoient, les Chreftiens touchez de compaffion pour elles, prirent les armes contre les Mores, & les defirent, delivrant par ce moyen ces fept jeunes Demoifelles de fervitude, en memoire de quoy la ville, dont ils eftoient forties contre les Mores, prit le nom de *Simancas*, & les armes que j'ay decrites, qu'une famille de ce nom porte auffi.

16. Les Mirandas d'Afturie, portent pour la delivrance de cinq autres de ces

filles, cinq demy corps de filles, & sur le milieu du bust une coquille. *El antiquo y noble linaie de los Mirandas traë por armas cinco medios cuerpos de donzellas, y en cada medio cuerpo una venera por aver quitado a los Moros otras tantas donzellas en sangrienta pelea*, dit le mesme Autheur.

17. *Figueroa* en Espagne, cinq füeilles de figuier en sautoir. *Tiene la tradicion de Galicia*, dit le mesme Autheur. *Que estando un cavallero muy afficionado de una dama à la qual cayò la triste suerte de ser de las del tributo, fue questa con otras senaladas en una torre deputada para este efeto. Recibieron la los Moros con las demas companeras y llevando las con buena guardia, teniendo aviso el cavallero enamorado, el y otros quatro hermanos suyos, les salieron à l'encuentro en un campo adonde avia unas higueras, y en memoria desta hazuna pusieron por armas las cinco hojas de higuera por aver libertado aquellas damas en el campo de las higueras, y tomaron anco por haver sido cinco hermanos.* Moro Ferrer l. 3. ch. 6. de l'hist. del Apostol. santjago. Patron y capi

tan general de las Eſpanas. La plus part
de ces hiſtoires ſont apparemment des
fables.

18. Monſieur le Brun porte d'azur à
la Fleur-de-Lys d'or au chef couſu de
ſable chargé d'un Soleil d'or de la deviſe
du Roy. J'ay expliqué ces armoiries
ſymboliques en la page 336. de l'origine
des armoiries.

19. Monſieur Jean Baptiſte Tavernier, annobly par ſa Majeſté l'an 1669.
porte d'or à une bande de gueules chargée d'un ſabre d'argent la poignée d'or,
la bande accoſtée de deux teſtes de Mores de ſable tortillées d'argent. La bande ſignifie les divers voyages qu'il a fait
au Levant pour le Roy, le ſabre & les
teſtes de mores, les guerres où il s'eſt
trouvé contre les Infideles. La teneur
des lettres contient, *Que le Roy ayant
agreables les bons & fideles ſervices qui
ont eſté rendus au feu Roy ſon Pere, &
à luy en differentes manieres & negocia-
tions par Iean Baptiſte Tavernier, lequel dés l'âge de dix-huit ans auroit
commencé à porter les armes, tant aux
guerres de Hongrie contre les Turcs,
qu'à la deffenſe de Mantoüe. Aprés*

quoy il a fait divers voyages en plusieurs endrois de l'Europe, pour s'instruire dans les langues Etrangeres, où
il a servy le feu Roy, auprés de ses Ple-
nipotentiaires à la Diete de Ratisbonne,
& par leur ordre fait son premier voyage du Levant, afin d'acquerir quelque
intelligence des langues Orientales, &
s'informer dans l'Eſtat du grand Seigneur, à la Cour du Roy de Perſe, &
ſur les terres du Mogol, des choſes qu'il
croyoit utiles aux avantages de noſtre
Couronne, & au commerce de la France,
avec leurs ſujets, dont il donna des memoires au feu Cardinal de Richelieu,
ſur leſquels furent envoyées des Miſ-
ſions de Capucins, & d'autres Religieux, en des divers pays, qui ont eſté,
& ſont encore de grande utilité à la Religion Catholique, & à la Nation Fran-
çoiſe. Qu'enſuite il a eſté en Orient une
ſeconde fois, pour remarquer avec toute
l'exactitude poſſible le plus court chemin qui ſe pourroit tenir par l'Arabie
deſerte pour aller aux Indes par terre,
ce qu'aucun de nos ſujets n'auroit encore
tenté. Ce qui luy a reuſſi, aprés des fa-
tigues extraordinaires, avec tant de

bonheur, qu'il est revenu en France
par la Perse en moins de quatre années,
avec une parfaite connoissance de tous
les lieux, où il a passé. De sorte que
cette experience luy a donné depuis la
facilité d'y faire quatre voyages de suite, pour reconnoistre en détail les Estats
du Turc, ceux du Roy de Perse, l'Empire du Mogol, les Royaumes de Chol-
conda, & de Vesapour, les costes ha-
bitées par les Portugais, celles de Mala-
bar, du cap de Commorin, de l'Isle de
Ceilan, de Malaca, & d'une partie
des costes de la Chine, les Isles de Su-
matra, & de Iava, & au retour le
cap de bonne Esperance, & l'Isle de Sainte Heleine, pour apprendre en tous ces
lieux les commoditez que nous & nos
sujets pouvions tirer, soit du trafic, soit
des établissemens qui s'y pourroient faire, & en tous ces voyages, il a eu plusieurs occasions dans ses entretiens avec
ces Princes, d'établir auprés d'eux l'o-
pinion de nostre puissance, & de la grandeur de nostre Royaume, & enfin au retour de son voyage il nous a rendu un
conte fidele de tout ce qu'il a fait pour
nostre service, que pour ces considera-

tions joint les perils qu'il a courus, &
les peines extraordinaires qu'il a souf-
fertes en ces voyages, qu'aucun de nos
sujets, ny d'autre nation n'auroient ja-
mais auparavant entrepris, où il a fait
plus de soixante mille lieuës, tant par
terre que par mer, desirant user de telle
reconnoissance envers luy par des mar-
ques de la satisfaction que nous en
avons, qu'elles puissent passer à sa po-
sterité, &c. Le reste est la formule ordinaire des Annoblissemens que le Roy
estend à sa femme, & aux enfans nais
& à naistre de leur mariage. J'ay rapporté au traité des Origines, divers
exemples de ces armoiries symboliques
de voyages & de découvertes de nouveaux Pays.

20. *Loulle* en Dauphiné d'or à cinq
lions de gueules en sautoir. Au chef
d'azur chargé à dextre d'une épée, & à
senestre d'une lance passez en sautoir.
Ces cinq Lions marquent cinq freres,
qui ont servy en gens de cœur en diverses guerres, & qui furent pour ce
sujet tous cinq annoblis, ensemble par
patentes donées au mois de Juillet 1662.
La Chambre des Comptes de la Cour

d'Angleterre, a pour armoiries de Synople à une clef d'or, avec une masse
d'argent en sautoir, pour faire voir
que les Officiers de cette Cour ont pouvoir de corriger & de recompenser;
comme personnes que le Roy a jugées
capables, à cause de leur grande pru-
dence & experience de l'une & de l'autre fonction. Le champ de cette armoirie est de sinople, parce que cette
Chambre est nommée le Tapis verd, à
cause d'un Tapis verd qui couvre la
table où se tiennent ces Assemblées.

Je pourrois ajoûter à ces exemples
les armoiries de plusieurs Estats, de plusieurs villes, de plusieurs communautez,
& de plusieurs familles, qui ont des
rapports symboliques. C'est de l'union
de la Normandie & de la Guyenne, que
les Anglois formerent leur blason de
trois Leopards en joignant les armoiries
de ces deux Provinces.

Les cinq Ecussons de Portugal, &
les cinq Besans sur chaque Ecusson, marquez chacun de cinq points, ont une explication mysterieuse de cinq Rois, dé-
faits en la journée d'Ourique, & des
trente deniers dont Nostre Seigneur fut
vendu.　　　　　　　　　　　Les

Les Chaisnes de Navarre, l'Aigle de Pologne, les trois Couronnes de Suede, & l'Aigle à deux testes de l'Empire ont aussi leurs mysteres historiques.

Les Armoiries du Siege de la Noblesse de la Porte de Capoüe à Naples sont des plus considerables sur ce sujet. Cette Ville est depuis long-temps divisée en cinq Sieges, où la Noblesse s'assemble pour deliberer des affaires qui la regardent. L'un est à la Porte de Capoüe, l'autre à la Montagne, c'est à dire, au quartier plus élevé de la Ville; le troisiéme est appellé *Nido* par corruption de la figure du Nil, qui est auprés, le quatriéme est celuy du Port, le cinquiéme celuy de la Porte neuve. Chacun de ces Sieges a sa marque ou sa devise. Celle de la Porte de Capoüe est de gueules au cheval bridé d'or. Celle de la Montagne est d'azur à cinq montagnes d'or. Celle de *Nido*, d'or à un cheval gay de sable. Celle du Siege du port, d'argent à un homme sauvage. Celle de la Porte neuve d'azur à une porte d'or. L'occasion de celle de la porte de Capoüe fut qu'y ayant en cet endroit un grand Cheval de bronze,

I

tant pour ornement que pour marquer
la liberté de la Ville. L'Empereur Conrad ayant fait abbattre les murailles de
ce côté-là, parce que les Habitans ne
l'avoient pas voulu recevoir, il ap-
perceut ce Cheval de bronze qui estoit
sans bride, & disant qu'il le domp-
teroit bien, il luy fit mettre une bride, & graver ces deux vers sur les res-
nes.

> *Hactenus effrænis, Domini nunc*
>   *paret habenis,*
> *Rex domat hunc æquus Par-*
>   *thenopæus Equum.*

Cela arriva environ l'an 1253. & depuis ceux de ce Siege prirent ce Cheval
pour armoiries. L'application en est
plus ingenieuse que celle de Ferdinand
Roy d'Arragon, qui pour representer
l'équité, fit mettre dans un revers de
ses monnoyes un Cheval, avec cette
legende, *Equitas Regni.*

L'Abbaye de Morimond, de l'Ordre
de Cisteaux, porte d'argent à un Tourteau de sinople, chargé d'une croix
fleurdelisée d'or, & le mot MORS di-
visé en quatre lettres aux quatre can-
tons de l'Ecu. Ce Tourteau represente

le monde, la croix qu'il faut se crucifier
au monde, & mourir à soy-mesme, ce
que signifie encore le mot *Mors*. Tout
cela fait allusion au nom de Morimond,
comme si l'on disoit *Mori Mundo.*
Cette croix fleurdelisée a passé aux Ordres Militaires d'Alcantara, de Calatrava, & de Montesa, de la Regle de
Cisteaux, parce qu'ils sont de la filiation
de l'Abbaye de Morimond ; & c'est
l'occasion des Croix fleurdelisées qui
sont si frequentes en Espagne. François I. & Charles-Quint prenoient
plaisir de donner de ces Armoiries symboliques à ceux qu'ils annoblissoient,
ou à ceux à qui ils vouloient faire de
nouvelles graces. Ainsi Charles-Quint
ajoûta aux armoiries de Diego de Zarate un Aigle d'une seule teste, chargée
sur les aisles de deux couronnes, l'une
Royale, l'autre Imperiale ; parce que
ce Diego de Zarate avoit servi ce Prince à son couronnement à Aix la Chapelle, & à Bologne. *Anadimos nue-*
stra Aquila Real negra de una cabeça
la boca abierta, sacada la lengua Roxa,
el pico buelto a la mano derecha, y en
la cabeça la corona Real de oro en cuyas

I ij

alas abiertas aya dos coronas de oro,
una Real en la finiestra, y otra impe-
rial en la diestra, que digan te hallaste
presente quando recebimos esta en Bolo-
nia, y aquella en Aquisgran.

La plus-part des Chapitres, Eglifes,
Confrairies, & Societez dediées à
S. Pierre, à S. Paul, à S. Eftienne, à
S. Laurens, &c. portent des Clefs, des
Epées, des Cailloux, & des Grils pour
Armoiries. Plufieurs autres dediées à
des Martys portent des Palmes, ou les
Inftrumens de leur Martyre. Le Mona-
ftere de S. Claude de Leon en Efpagne,
de l'Ordre de S. Benoift, porte le Lion
de Leon tenant trois Palmes pour les
Saints Martyrs Claude, Lupercius, &
Victoricius.

L'an 1654. le Roy annoblit par Lettres expreffes Jacques Fillhot, Threfo-
rier de France és Generalitez de Bourdeaux & Montauban, pour avoir tenu
conftamment pour fa Majefté contre
les Rebelles, jufques à fouffrir la que-
ftion fans vouloir découvrir un fecret,
aimant mieux mourir que de trahir fa
confcience & fon Souverain. Le Roy
luy donna en mefme temps pour armoi-

ries symboliques de sa fermeté & de sa
fidelité, d'or au sautoir de gueules au
franc quartier d'azur à une Fleur-de-lys
d'or.

Les Clercs Reguliers, nommez Thea-
tins, ayant commencé les poursuites
pour leur Congregation le jour de l'Invention de la sainte Croix, l'an 1524.
& les ayant achevées le jour de l'Exaltation de la sainte Croix la mesme année, prirent la Croix pour Armoirie.

L'Historien de la ville de Bresse en
Italie, écrivoit l'an 1490. une action
glorieuse d'un de ses Concitoyens, qui
durant la guerre que l'Empereur Henry V. fit aux Neapolitains, à la priere
du Pape Celestin III. ayant receu de
cet Empereur la Banniere de l'Empire,
se trouva si avant dans la meslée, que
l'Empereur ayant commencé à ployer,
& a fuir devant les Ennemis, il se vid
chargé de tout le gros de l'Armée qui
alla fondre sur luy pour luy arracher
son Drappeau, mais l'ayant deffendu
le mieux qu'il put, jusqu'à y perdre les
deux mains & les deux bras, l'Empereur ayant eu le temps de rallier, re-

tourna à l'Ennemy, & l'ayant vivement
repoussé, donna à ce Bressan, nommé
Conrad, ce Drappeau pour armoiries,
avec quantité de Privileges, dont sa
posterité joüit encore. Voicy la relation qu'en fait cet Historien. *Henricus
V. Cælestini III. Pontificis Max. Ro-
gatu Neapolim armis aggressurus Ciui
cuidam nostro Conrado nomine secum
militanti Aquilam insigne Impérij Vexillum commisit. Quum autem bello
cœpto, durissimo utrinque Marte præ-
liaretur, fortuna Henrico adversari
sat nota, propriæ saluti iam consulens,
relictis cæteris ipse de fuga tantum co-
gitasse perhibetur. Mox autem irruen-
tibus ad Imperatoris vexillum Neapo-
litanis illudque jam inclinare conanti-
bus, Conradus fide ac strenuitate præcla-
rus vexillum manibus ferens, eas primò deinde Brachios à se excidi quàm
vexillum inclinari permisit. Vndè par-
ta ab ipso tandem Imperatore victoria
tanti facinoris nequaquam immemore
sed ipsum perpetuò monumento ratus
meritò celebrandum præter vexillum
quòd ipsi Conrado ut proprium signum
concessit, pluribus etiam aliis Regali-*

bus civitate noſtrâ annuente conceſſit, quæ in hodiernum uſque diem illius obſervata ſunt poſteris. Helias Capriolus lib. 6. hiſt. de rebus Brixianis.

L'an 1586. les Habitans de Leopol, Capitale de Ruſſie, ayant appris que le Pape Sixte V. portoit un Lion pour armoiries, comme ils en avoient un pour les leurs, ils firent prier ce Pape par leur Archevefque Demetrius de vouloir ajoûter quelque choſe à leur Blaſon, qui ſervit à le rendre plus conforme à celuy de ſa Sainteté. Sixte V. par un Bref exprés donné le 15. Septembre de la meſme année, leur permit d'y ajoûter les Montagnes & l'Eſtoille de ſes Armoiries, & fait pluſieurs applications myſterieuſes de ces Montagnes, & de cette Eſtoile. Voicy la teneur du Bref.

SIXTUS PAPA V.

Dilecti filij ſalutem, & Apoſtolicam benedictionem.

A Peruit nobis nuper venerabilis Frater Ioannes Dometrius Ar-

chiepiscopus Leopoliensis, Pater & Pa-
stor animarum vestrarum piam mentem
& intentionem vestram, quam magno-
perè cupitis, ut insignia civitatis ve-
stræ, quæ cùm nostris insignibus in Leone conveniunt per nos aliquo munere
decorentur, ac illustrentur nos huic ve-
stro pio, ac devoto desiderio, ad maio-
rem omnipotentis Dei gloriam, & S.
R. E. decus ad sempiternam ergà vos
eximiæ charitatis nostræ memoriam
annuere cupientes vestrisque ac dicti
Demetrij Archiepiscopi supplicationi-
bus inclinati, Leoni dictæ civitatis
communibus insignibus vestris, tres
monticulos, & stellam de Leonis nostri
stemmate desumptos Apostolicâ autho-
ritate tenore præsentium perpetuò inse-
rimus, & adjungimus, sperantes fore
ut vos huiusmodi stellæ & montium my-
stico præsidio muniti, & vestris inimi-
cis quibus cum bellum continuum ge-
rendum est cooptatam victoriam repor-
tetis. Il fait en suite plusieurs applications mysterieuses des Montagnes &
des Estoiles. Et conclud enfin, Quoniam vero contingere potest, ut hæc nostra insignia vestris insignibus aliter

quàm repræsententur inserta & adjun-
cta secundum temporum conditionem,
locorum situationem, ac ipsius rei qua-
litatem magis decori publico & Chri-
stianæ Religioni congruere & inservire
valeant, vobis illa ad libitum vestrum,
ubi, quando & commodum videbitur
decentius inserendi adjungendi, &
collocandi facultatem, & authorita-
tem per præsentes concedimus, & im-
pertimur, & contrariis non obstantibus
quibuscumque. Datum Romæ apud S.
Marcum sub annulo Piscatoris, die 15.
Septemb. 1580. Pontificatus nostri anno
secundo.

Comme toutes sortes de figures sont
entrées dans les Armoiries par les rapports que l'on a affectez avec les noms,
on pourroit dire aussi que les applications symboliques n'y ont pas moins
introduit de diversité.

Un Gentil-homme de la suite du
Grand-Maistre de Calatrave, ayant le
premier planté l'Estendart de Castille
sur la muraille du Chasteau de Vilches
pris sur les Mores en un jour & une
nuit, en presence des Roys de Navarre,
de Leon & d'Arragon, le Roy de Leon

BIBLIOTHÈQUE L

donna à ce Gentil-homme genereux un
Soleil d'or entouré d'Estoiles de mesme
en champ d'azur, & le corps du soleil
parti de Castille & de Leon. Voilà le
Soleil & les Estoiles symboles du jour
& de la nuit devenus en Armoiries les
symboles d'une action genereuse.

La Maison de Sales en Genevois,
dont estoit S. François de Sales Evesque & Prince de Geneve, & les Marquis de Sales ses neveux, d'azur à deux
fasces d'or chargées chacune d'une autre de gueules à un croissant d'or en
chef, & deux estoiles de mesme entre
les fasces. Ils disent que ce Croissant
& ces deux Estoiles sont les symboles
de la serenité, & qu'un de cette Maison
estant sur mer avec un des anciens
Comtes de Savoye, ils furent accueillis
d'une si furieuse tempeste qu'ils failli-
rent à perir, mais que ce Seigneur de
Sales ayant apperceu la Lune & les feux
S. Elme donna esperance à tous ceux
qui estoient dans le Vaisseau de voir
bien-tost cesser la tempeste ; ce qui luy
fit depuis ajoûter ce Croissant & ces
Estoiles à ces armoiries. On conte tant
de fables de l'origine de cette Maison

que l'on veut faire defcendre des Sa-
liens, anciens Preftres de Mars, & de
l'Ecu de fes armoiries que l'on pretend
eftre un *ancile*, ou ancien bouclier de
ces Preftres, que l'application de ces
aftres m'eft un peu fufpecte. Cette Maifon eft affez illuftre par les grands
hommes qu'elle a donnez à l'Eglife & à
l'Epée, fans avoir befoin de fables pour
fe faire connoiftre.

Mafini à Parme, un Phenix fur fon
bucher, parce qu'une Dame nommée
Phenicie eftant veuve depuis quelques
mois, & enceinte d'un fils pofthume,
échappa d'un incendie, ou le refte de
fa famille demeura enveloppée, eftant
depuis accouchée d'un fils, qui renou-
vella la famille, qui fans cela eftoit
éteinte ; ce fils prit un Phenix fortant
des flâmes pour armoiries. Bombacci
raconte cet evenement en fon *Araldo*
ch. 9. *Trovo leggendo che il vefcovo
Mafini, d'origine Parmigiana, che por-
tava nell' arma una Fenice, l haveva
hereditata da una donna di tal Nome,
che fouravanzando alle fiamme della
fua cafa, rimafta vedova, e gravida,
partori un figlivolo, per cui fi rinovò la*

sua estinta famiglia. Voilà le feu devenu symbolique en armoiries, voicy l'eau.

Le Licentié Molina en sa description du Royaume de Galice, dit que les *Balboas* descendent d'un Cavalier qui s'estant trouvé par occasion à la chasse sur une montagne où un Lion & un Dragon combattoient ensemble, avec desavantage du Lion, il tua ce Dragon, & que le Lion par reconnoissance s'étant accroupi à ses pieds pour le caresser, il le suivit toûjours depuis, & que ce Cavalier estant passé en France, où il presenta ce Lion au Roy ; ce Lion affligé de n'estre plus avec son Maistre, se mit à le chercher, & estant arrivé au bord de la mer, s'y jetta & s'y noya, d'où vient dit cet Historien, ou plûtost ce Romancier, que l'on donna le nom de Golfe de Leon à cet endroit de la mer Mediteranée, & ceux du nom de Balboa ont depuis retenu pour armoiries un Lion à moitié noyé dans des ondes. C'est à dire qu'ils portent des fasces ondées & un Lion issant comme la maison de Buillion. Voilà bien des fables pour trouver à ces armoiries

une application symbolique. En voicy
une semblable des Buffalini d'Italie dont
estoit Hortensia Buffalini mere du Cardinal Mazarin.

*I. Bufalini pòrtano per arme una testa
d'un Monstro simile ad un Bufalo per-
clioche un loro antenato sopranomi-
nato Carbonaro, essendo in Bohemia
uccise un monstro formidabile, che dis-
habitava tutto il Paëse, e per gratitu-
dine ricevè tanto stato, quanto corren-
do nello spatio d'un giorno naturale po-
teva circondare, è si fondò la signoria
di Bernstain che significa orso di pietra
alludendo alla dura pelle del Mostro,
e si crede esser un rampollo dell' Excel-
lentissima Casa Vrsina, per un Sena-
tore che si ritrova nell' arbero di que-
stre tre famiglie, e per la Rosa che en-
cora usano in campo d'argento.* Gau-
ges de Gozze de Pesaro. Voilà un Phenix, un Lion, & une teste de Buffle que
des fables font symboliques en armoiries.

On peut donc dire qu'il y a des armoiries symboliques de quatre manieres, les unes par rapport aux noms
des personnes, & ce font les armoiries

parlantes. Les autres par des rapports
Historiques de divers evenemens, d'autres par rapport aux proprietez naturelles des choses dont elles sont composées
avec les qualitez de la personne à qui
elles sont données, & les dernieres ne
sont que des applications fabuleuses que
l'on a faites depuis, à l'occasion desquelles il faut dire quelque chose des
interpretations extravagantes, qui se
font tous les jours en fait d'armoiries,

Des Interpretations que l'on donne aux
Armoiries, & aux pieces qui les
composent.

C H A P I T R E   IV.

LA stupidité de trois ou quatre siecles a bien gâté des choses dans le
monde. Elle a fait de la pluspart des
Histoires un tissu de fables enormes,
& de contes ridicules, que les ignorans
reçoivent encore aujourd'huy comme
les restes precieux d'une venerable antiquité. Au commencement chaque é-
tat, chaque ville, & chaque commu-

nauté a affecté de confacrer fon origine
par des fables de cette forte. Et il n'ya
rien où elles ayent eu plus de lieu que
pour l'origine des familles, & pour les
occafions de leurs armoiries, chaque
maifon ayant tafché de fe rendre confiderable par quelque conte de cette nature. Il y a peu de villes qui n'ayent
leurs Romans de cette forte, & pour
peu que leurs noms, leur fituation, &
leur difpofition ayent favorifé ces origines recherchées, on leur a donné des
Dieux, des Heros, ou des Empereurs
pour Fondateurs. Le Roman de Melufi-
ne eft celebre pour la Maifon de Lufi-
gnan ; celuy du Chevalier du Cygne
pour la Maifon de Cleves, & celuy de
Lideric pour les Comtes de Flandres.

L'origine des armoiries des Comtes de
Tholofe, des Ducs de Savoye, des
Ducs de Lorraine, de la Maifon d'Autriche, des Vifconti Ducs de Milan, des
Medicis, grands Ducs de Tofcane, des
Urfins, des Ducs de Bretagne, & de
cent autres familles des plus confidera-
bles de l'Europe eft tirée de pareilles
fables qu'on a inventées à plaifir il y a
trois ou quatre fiecles. On debite en

Gevaudan une fable de cette nature à
l'égard de ses sept principales Maisons
Peyre, Apchier, Seneret, le Tournel,
S. Laurent, Chasteau-neuf, & Florac,
On dit qu'un Comte de Tolose vouloit
qu'une de ses filles se fit Religieuse, &
qu'elle ne le voulant pas s'echappa de
son Palais, & s'estant déguisée se retira dans les montagnes de Gevaudan, ou
elle épousa un Berger, de qui elle eut
sept fils, qui travailloient avec leur Pere chacun ayant appris un mestier, l'un
de Masson, l'autre de Charpentier, un
autre de Tourneur, un autre de Tailleur, un autre de Berger, un autre de
Laboureur. Peyre fut Masson, Apchier,
Charpentier, Seneret Berger, du Tournel Tourneur, Saint-Laurent Tailleur,
Chasteauneuf Laboureur, Florac Jardinier. On ajoûte que le Comte de
Tolose ayant appris la retraite de sa fille luy donna le Gevaudan, qu'elle di-
stribüa à ces sept enfans, & que l'on
montre encore à Chasteauneuf de Randon, les sept boutiques où cette femme
faisoit travailler ces enfans, qui depuis
estant les chefs d'autant de familles nobles, se firent des armoiries conformes

à

à leurs professions. Apcher prit des haches, Seneret un mouton, Chastauneuf un soc de charruë, Tournel un instrument à tourner, &c. en chaque Province il y a des fables de cette sorte.

Outre ces extravagances il y a les applications que les anciens Herauts ont faites des émaux & des figures du Blason, aufquels ils ont fait signifier ce qu'ils ont voulu. *Or en blason d'armes signifie quatre vertus, dit l'autheur du blason des couleurs en armes livrées, & devises, c'est à sçavoir noblesse, bon vouloir, reconfort, & hautesse: en pierreries l'Escarboucle. Des sept Planettes le Soleil, des quatre Elemens, le feu, des complexions homme sanguin, Des douze signes Aries, Leo & Sagittarius, & des jours de la semaine, le Dimanche. Argent en armes signifie cinq vertus, à sçavoir hnmilité, beauté, pureté, blancheur & innocence.* Il y a quelque rapport de ces metaux & de ces couleurs à bien des choses dans le monde que nous exprimons figurativement par ces couleurs. L'or est pris pour la charité, pour le zele, pour la vertu, pour la franchise, pour la me-

K

diocrité, pour les richeſſes, pour la pa-
tience, & pour d'autres choſes ſemblables dans l'Ecriture ſainte, dans les livres
dés Peres, & dans les autheurs profanes.
Dans le Blazon on a pas égard à ces
choſes-là, mais ſeulement de ſe diſtinguer, cependant on n'a pas laiſſé de
chercher ces applications dans les anciennes armoiries, & il ſe trouve des
autheurs qui ne blaſonnent que par les
pierreries, d'autres par les planettes, &
d'autres par les vertus.

Les Italiens ont ramaſſé ces applications, & les ont traduites en leur langue dans leurs ouvrages. Campanile dit
au chap. 6. de ſon traité *Dell'Inſegne de
Nobili l'oro ſignifica Gravità Alle-
grezza Gioventù, ſapienza, prudenza,
e fede, &c.* Le P. Petraſancta veut que
la faſce repreſente la ceinture militaire,
& Campanile au contraire veut qu'elle
ſignifie le Diademe ou la Couronne des
Rois. Gaſpard Bombacci eſt agreable
quand il dit que le giron repreſentant
une marche d'eſcalier à vis ſignifie que
celuy qui le porte eſt monté aux dignitez par ſon merite. *Il girone rapreſen-
tando gli ſcaglioni della ſcala à luma-*

ca dara ad intendere che il portatore
sia stato inalzato a gradi honorevoli di
qualche dignità.

Le Feron au Prologue du premier livre
de son recueil des Devises & Blason
d'armoiries, dit que les Troyens furent
les premiers, qui donnerent des noms
aux couleurs des Armoiries, par le mini-
stere du Roy & Heraut d'Armes Idæus,
qui est de la creation de Jean le Maire
en ses Illustrations des Gaules. Ces
beaux noms qu'il dit qu'on leur donna sont *Quiriagi* pour l'or. *Senato* pour
l'argent, *Detradi* pour l'azur. *Truti*
pour le gueules. *Parafecy* pour le sable,
Estera pour le synople. *Pesety* pour le
pourpre. Lesquels noms signifient, dit
la Colombiere, les jours de la semaine
commençant par le Dimanche. Il veut
qu'apres la destruction de Troye on ait
nommé ces émaux d'une autre maniere.
Or *Cricasi*, Argent, *Assume*, Azur,
Stangome. Gueules, *Carcome*, Sable,
Sidero, Synople, *Molieni*, Pourpre,
Diarguero. Et furent lesdits metaux &
couleurs nommez & pratiquez de la sorte aux jeux Circenses instituez à l'honneur de Castor & de Pollux.

K ij

Ces grands mysteres des noms des couleurs que ces deux Autheurs rappor-tent au temps des Troyens, sont une pure ignorance des anciens Herauts d'Armes, qui leur ayant voulu donner les noms Grecs des jours de la semaine & des metaux, les ont tous estropiez, & apres eux le Feron & la Colombiere les ont renversez pour ne les avoir pas entendus. Le premier est Κυειάκη qui signifie le Dimanche, qu'ils ont defiguré en *Quiriagi*. Le second devoit estre Δευτέρα qui signifie le second jour, & c'est ce mot qu'ils ont changé en *Estera* pour le sinople. Le troisiéme devoit estre Τείτη, qu'ils ont changé en *Truty* pour le gueule. Ils ont fait *Detradi* de Τετάρτη, qui signifie le quatriéme jour. Du cinquieme Πέμπτη, ils ont fait *Pe-sety*. Du sixieme παρασκέυη, qui est le nom Grec du Vendredy, ils ont fait *Para-fecy*, & du Samedy que les Grecs nom-moient Σάββατον, ils ont fait *Senato*. Au lieu de Χρυσίον, pour l'or ils ont fait *Cricasi*, ou plûtost de χυνάρη du Grec vulgaire, car ie vois que c'est de cette langue qu'ils ont fait *Assume* d'ασημι, *Stangome* de Στάγιος qui est l'Estain

en Grec vulgaire. *Carcome* de χάλκομα
qui fignifie le cuivre en la mefme langue. Ils n'ont point alteré le nom du
fer Σίδερο, *Sidero*. Pour le fable celuy
de *Molieni* pour le plomb eft une de-
pravation du Grec litteral Μόλυβδος,
puis que le vulgaire le nomme Βολυμι.
Enfin d'rδεήρχερς qui eft le nom de
l'argent vif. Ils ont fait leur *Diarguero*
pour le pourpre. Voilà ce qu'ils appellent les myfteres du Blafon, & c'eft ce
que j'en nomme les extravagances, puis
qu'ils font parler Grec vulgaire des
Troyens, & nous font venir d'eux les
armoiries aufquelles il ne penferent jamais.

Outre ces alterations de noms on a
fait pour les figures d'étranges applications. Vulfon la Colombiere veut que
les pieces qu'on nomme honorables re-
prefentent les armes completes d'un
cavalier. *Le chef* fon cafque, *le pal fa*
lance, *la bande* & *la barre* fon baudrier,
la fafce fon écharpe, *la bordure* &
l'orle fa cotte d'armes, *la Croix* & *le*
fautoir fon épée *le chevron*, fes bottes
& fes efperons. Je m'eftonne qu'il n'ait
fait fon cheval du fautoir pour luy fai-

re un cheval de bois, pluſtoſt que de
le laiſſer à pied ; pour le reſte il eſt armé
d'une aſſez plaiſante maniere. Il eſt
auſſi juſte dans l'origine qu'il donne aux
partitions qu'il veut qui ſoient des
coups donnez ſur les boucliers, comme
ſi ceux qui ſe battent les meſuroient,
& les compaſſoient pour en faire des
partis, des coupés, des tranchés &
des taillés comme il les a fait repreſen-
ter en des fueilles imprimées des principes du blaſon.

Ces interpretations myſterieuſes ont
enteſté une infinité d'ignorans, qui de-
mandent encore tous les jours quelles
ſont les armoiries les plus belles & les
plus nobles, les uns ont dit que c'e-
ſtoient celles qui eſtoient compoſées
d'or & de gueules, les autres veulent
que ce ſoient celles qui ſont d'or & d'a-
zur, comme ſi celles de l'Empire n'e-
ſtoient pas d'or & de ſable, celles de
pluſieurs Royaumes & de pluſieurs
Souverains d'argent & de gueules, d'argent & de ſable, d'argent & d'azur.

Julian del Caſtillo en ſon Hiſtoire des
Rois Gots écrite en Eſpagnol, fait un
long diſcours au livre 5. diſc. 2. pour

chercher *quales son mas nobles armas
las de cuerpos vivos o no vivos*, & Philôsophant d'une plaisante maniere il veut que le chasteau des Armoiries de *Castille* soit la tour de Babel, & le Lion de *Leon*, soit le Lion de la Tribu de Juda.

Les armes les plus nobles sont celles que portent les plus anciennes familles, & les plus illustres, & la beauté n'y fait rien puis que tant de maisons ont affecté de porter des choses viles, basses, communes, & mesme quelques-unes monstrueuses comme les dragons des *Ancezunes* & des *Busdraghi*, les hidres des *Ioyeuses*, & le Diable de *Troll*.

Combien a t'on vû d'Epigrammes, d'Eloges, d'allusions, & d'Epistres dedicatoires sur les figures d'armoiries, & quel applaudissement n'a pas receu autrefois ce vers selon moy assez mal tourné sur les chevrons des armoiries de feu M. le Cardinal de Richelieu?

Fracta licet sint tigna ferunt fastigia Regni.

Il y a bien du faux dans le sens de tout ce vers. Premierement ces chevrons ne

font point rompus , & il n'y a que ceux
qui ne ſçavent pas les premiers termes
du blaſon , qui prennent ces trois chevrons pour des chevrons rompus. Secondement comme ils ſont diſpoſez ils
ne portent pas les faiſtes , mais ils ſont
eux meſmes les faiſtes , & enfin ce ne
ſont pas les faiſtes qui ſont le plus grand
poids d'un baſtiment, puis qu'ils en ſont
toûjours la moindre partie. A pareils
interpretes les loix du blaſon ne ſont
rien , ils font ce qu'ils veulent des figures pour les ajuſter à leurs deſſeins. Ils
prennent les points équipollez pour des
Croix , les otelles pour des Croix pattées , les Fleurs-de-Lys pour des pointes
de Sceptres , les chaiſnes pour des Rais
d'Ecarboucles , les lambeaux pour des
raſteaux , ou pour des balanciers d'hor-
loge , & raiſonnant à leur maniere ſur
ces pièces défigurées , ils font cent applications chimeriques, & extravagantes
que d'autres ignorans reçoivent comme
des applications ingenieuſes, & des my-
ſteres admirables.

Je range parmy ces eſpeces d'interpretations groteſques la pretenduë Prophetie de S. Malachie, par laquelle on
veut

veut que ce Saint ait indiqué enigmati-
quement la succession des Papes depuis
Celestin I I. jusques au dernier des Papes qu'il nomme du nom de Pierre. Je
m'estonne que jusqu'icy personne n'ait
fait voir l'erreur de cette fausse Prophetie, dont nul n'avoit parlé devant Arnoul de Vyon, & Alphonse Ciaconius
qui en a donné l'interpretation. Je la
tiens un ouvrage du Pontificat de Sixte
V. ou apparemment elle fut faite à l'occasion du Conclave suivant, comme
j'en vis dans le dernier Conclave deux
ou trois en vers Italiens, ou les choses
estoient fort justes pour tous les Papes
precedens, mais elle reüssit si mal à
l'égard de celuy qui fut élu, que depuis
on n'en a plus parlé.

1. S. Bernard qui a écrit si exactement la vie de saint Malachie n'a dit
mot de cette pretenduë Prophetie, qui
seroit pourtant une des choses des plus
remarquables de sa vie. 2. Il y a des
faussetez évidentes, en ce qu'il est certain qu'aucun Pape n'a eu des armoiries
devant Clement IV. & apres luy on
n'en trouve plus jusqu'à Boniface VIII.
depuis lequel tous les autres en ont eu.

L

Cependant cette pretenduë Prophetie
deſigne Alexandre III. Urbain III.
Gregoire VIII. Gregoire IX. & Alexandre IV. par leurs armoiries. 3. Entre les armoiries par leſquels ils ſont deſignez, il y en a de ſuppoſées, & d'autres ſi mal blaſonnées qu'il n'y a nullé
apparence qu'un Prophete ait fait les
fautes qu'on y void. Il fait paſſer pour
une Croix les cinq points équippollez
de Clement VII. Anti-Pape deſigné
ſous ces mots *de Cruce Apoſtolica*. Il
fait auſſi de la bande breteſſée de Clement VIII. une Croix à triple traverſe,
quand il le deſigne ſous ces mots, *Crux
Romulea*. Il ſe trompe pour Innocent
VI. qu'il deſigne ſous ces mots *de Montibus Pammachy*, que Ciaconus interprete ainſi. *Cardinalis SS. Ioannis &
Pauli titulo Pammachy. Ejus inſignia
ſex montes*. Il n'eſtoit plus Cardinal du
titre des S S. Jean & Paul, mais Cardinal Eveſque d'Oſtie & de Veletri,
quand il fut fait Pape, & ſes armoiries
ſont un Lion, avec une cottice brochante ſur le tout, & un chef chargé de trois
coquilles, comme on void encore ſur
la porte de la Chartreuſe de Ville-neu

ve prés Avignon, qu'il fonda estant Pape. Les armoiries de Clement V. font mal énoncées en ces termes *de Fef- fis Aquitanis* , puifque les fafces ou faiffes des armoiries , comme on les nommoit anciennement fe difent en Latin *Fafciæ* , & non pas *Feffæ*. 4. Les Anti-Papes font marquez en ce Catalo- gue , auffi bien que les Papes legitimes. Victor I V. Callifte I I I. Pafchal I V. Clement V I I. Benoift XIII. Clement VIII. Felix V. fans qu'il y en ait plus de deux defignez pour Anti-Papes , à fça- voir Nicolas V. fous ces mots *Corvus Schifmaticus* , & Clement V I I I. fous ceux-cy, *Schifma Barchinoninum*. Ce- la eft d'une dangereufe confequence , & fi l'élection de ces Anti-Papes eftoit appuyée du témoignage d'une Prophe- tie, elle auroit pû faire douter des legi- times. 5. Il y a de l'erreur en la Chro- nologie , puis qu'on met Victor I V. Callifte III. & Pafchal III. devant Ale- xandre III. quoy qu'il foit certain qu'A- lexandre III. fut élu premierement par quatorze Cardinaux , à qui cinq autres fe joignirent pour faire le nombre de dix- neuf, Victor n'en ayant que neuf pour

L ij

luy, dont quatre le quitterent pour ſe
joindre aux dix-neuf, & faire avec eux
vingt-trois ſuffrages. Ainſi Alexandre
fut reveſtu le premier des habits Pon-
tificaux, que Victor luy arracha pour
s'en reveſtir. Paſchal III. ſucceda à Victor, & Calliſte III. à Paſchal III. Cependant il les met tous trois devant
Alexandre. Il a mis devant Urbain VI.
Clement VII. Benoiſt XIII. & Clement VIII, toutefois il eſt certain
qu'Urbain VI. fut élu à Rome & couronné le jour de Paſques l'an 1378. &
que Clement VII. ne fut couronné que
le dernier Dimanche d'Octobre de la
meſme année, & qu'il avoit eſté élu
peu de jours auparavant. Benoiſt XIII.
ne le fut qu'apres la mort d'Urbain VI.
& apres la cinquiéme année du Pontificat de Boniface IX. & Clement VIII.
ſeulement l'an 1424. apres le Pontificat
d'Urbain VI. & ceux de Boniface IX.
d'Innocent VII. de Gregoire XII. d'A-
lexandre V. de Jean XXII. & pluſieurs
années de celuy de Martin V. ce qui eſt
un étrange Anachroniſme.

6. Les Papes qui ſont deſignez apres
Urbain VII. au temps duquel apparem-

ment cette Prophetie fut faite, sont si mal designez, que l'on est encore à trouver un sens raisonnable à plusieurs. Pour Gregoire XIV. il y a *Ex Antiquitate Vrbis.* Parce qu'il estoit Milanois, ce qui ne convient pas plus à cette Ville qu'à quantité d'autres qui sont aussi anciennes. Pour Innocent IX. qui estoit de Bologne, il y a *Pia Civitas in Bello*, ce qui ne dit rien. Pour Clement VIII. *Crux Romulea*, dont j'ay déja fait voir la fausse application, la bande bretessée de ses armoiries, n'estant pas une Croix à triple traverse, *Vndosus vir.* Pour Leon XI. ne signifie pas qu'il dût estre Pape peu de jours, comme on l'interprete, *Gens perversa.* Pour Paul V. n'a jamais pû avoir un sens raisonnable. Celuy que l'on donne à la designation de Gregoire XV. par ces mots *In tribulatione Pacis*, est bien tiré quand on l'explique de la legation du Cardinal Ludovisio au Duc de Savoye pour tâcher de l'accommoder avec le Roy d'Espagne, *Lilium & Rosa.* Pour Urbain VIII. n'a pas moins fatigué les Interpretes qui ont dit *Domo Florentinus, quæ civitas à Flore Rosco*

nomen habet; & pro insigni Lilium ge-
rit, antè verò quam Pontifex esset re-
nuntiatus Apes florilegas symbolum
habuit, vel quia ipsius tempore in Gal-
lia quæ per Lilium significatur, & in
Angliâ quæ per Rosam innuitur maxi-
ma bella fuerunt. Ipse etiam antè Pon-
tificatum Henrici IV. Prolem ex bap-
tismo levavit. Il n'y a rien de specifi-
que en tout cela ; car dire *Lilium &*
Rosa, parce qu'il estoit Florentin, ce
n'est pas plus le designer qu'un autre.
Ses armoiries n'estoient pas des Abeilles, mais des Mouches que les Italiens
nomment *Barbarini*, qui estoient équivoques au nom de sa famille : avoir recours aux guerres de France & d'Angleterre, c'est tirer les choses par les
cheveux. On a aussi cherché divers sens
au *Iucunditas Crucis*, par lequel Innocent X. est designé. Quelques-uns
ont dit que c'est parce qu'il fut élu le 15.
de Septembre, qui est le lendemain de
l'Exaltation de la Croix, mais cela n'est
pas naturel de prendre un jour pour un
autre, aussi l'Interprete a mis, *Et hic est*
qui post tot cruces, & afflictiones bello-
rum jucunditatem Pacis nobis allatu-

rus est. Sa Colombe avec le Rameau d'Olive, où son nom de Pamphile estoient quelque chose de plus propre pour le designer. Alexandre V I I. est celuy qui a fait le plus applaudir à cette pretenduë Prophetie , parce qu'estant designé par *Custos Montium*, il se trouva avoir des Montagnes en ses armoiries. Mais à le bien considerer, ce *Montium Custos* ne signifie pas un homme qui a des Montagnes en armoiries , & il y a tant de familles en Italie qui portent des Montagnes , que ce n'est pas merveille que par rencontre il se soit trouvé un Pape qui en ait eu , puisque déja Sixte V. Jules III. & quelques autres en ont eu. Le *Sidus olorum*, de Clement IX. a bien fatigué les Interpretes de ces faux Oracles. Les uns ont dit qu'il se trouva à la voûte de la salle sous laquelle sa petite chambre fut dressée durant le Conclave, & qui luy écheut par sort, la constellation du Cigne, parce qu'en cette sale il y a diverses constellations qui sont peintes. Les autres avec plus de travail , & un succés aussi equivoque s'essayerent de le trouver en l'Anagramme de son nom , *Rospilosius si-*

dus oloris, ou le mot *d'olorum* eſt chagé en celuy *d'oloris*, & trois lettres du nom changées, ou retranchées Son nom eſtant *Roſpiglioſi*, il n'y a ny P. ny G. en *Sidus oloris*. Pour la conſtellation pretenduë il n'y a qu'un cygne. Ainſi ce n'eſt pas *ſidus olorum*. A l'égard du Pape preſent, je fus témoin de je ne ſçay combien de tours que l'on chercha pour luy donner un ſens raiſonnable, ſans en avoir pû trouver. On dit au commencement que Clement X. eſtoit deſigné par ces mots *de flumine Magno*, parce qu'il eſtoit né l'année de la grande inondation du Tybre, mais on trouva aprés que la grande inondation eſtoit arrivée l'an 1598. la veille de Noël, comme il eſt marqué au Chaſteau *S. Ange*, avec une ligne qui fait voir juſqu'où arriva la plus grande cruë d'eau, & le Pape d'apreſent eſtoit né quelques années auparavant. Alors on eut recours au nom, & le cherchant dans toutes les langues, on dit qu'*Alto Rio* en Eſpagnol eſt la meſme choſe que *Flumen Magnum*, & que d'*Altieri à Alto Rio* la difference n'eſtoit pas grande : d'autres eurent recours aux

armoiries, & dirent que les six Eftoilles
de fon blafon eftoient les Pleyades, qui
eftant une conftellation pluvieufe font
groffir les rivieres, qu'on les nomme
mefme *Pleiades*, du mot Grec πλειάδες,
derivé de πλέω, *Navigo*, parce qu'elles prefident à la Navigation. Et quoy
qu'elles foient fept, il n'y en a que fix
qui paroiffent à peu prés difpofées,
comme les armoiries du Pape, fuivant
ces vers du 4. des Faftes,

> *Pleiades incipient humeros relevare*
> *paternos*
> *Quæ feptem dici, fex tamen effe*
> *folent.*

C'eft ainfi que l'on s'efforçoit de
trouver un fens raifonnable à ce preten-
du Oracle. Mais il faut avoüer que
c'eft une étrange forte de Prophetie,
que celle qui eftant obfcure avant fon
evenement fe trouve encore plus em-
broüillée, apres que la chofe eft arrivée.

7. Il y a plufieurs de ces Oracles qui
font fondez fur de grandes ambiguitez,
& fur des doutes, qui eftabliffent mal
une Prophetie. Alexandre III. eft defigné par ces mots, *Ex Anfere Cuftode,*

& l'Interprete dit , *de Familia Papare-*
ca , vel Paparona Papero autem & Oc-
ca Anserem notat Italis ; D'autres le
font de la famille Bandinelle. Celeſtin
III. eſt marqué par ces mots *de Rure*
Bovenſi. L'Interprete dit , *de familiâ*
Bovenſi. Neantmoins la plus-part nomment ſa maiſon *de Bubonibus ,* dire
ex Eremo Celſus , pour S. Pierre Celeſtin tiré de la ſolitude. Et que parce
qu'il avoit nom *Morone ,* & que les
n euriers en Italiens ſe nomment *Celſo ,*
il eſt appellé *Celſus ,* c'eſt aller chercher
bien loin le ſens de cette Prophetie.
Enfin il y a bien des extravagances dans
la plus-part de ces deſignations , qui ne
ſentent nullement l'eſprit de S. Malachie.

8. Comme ces Propheties pretenduës
commencent par Celeſtin II. elles doivent avoir eſté faites devant l'an 1143.
puiſque ce fut cette année là que ce Pape fut élu , & par conſequent trois de
ces Propheties devoient avoir eſté verifiées devant la mort de S. Malachie qui
arriva ſeulement l'an 1148. ſous le Pontificat d'Eugene III. deſigné par ces
mots *ex magnitudine montis ,* apres

Celeftin II. qui eft defigné par ceux-cy
Ex Caftro Tyberis, & Luce II. par
ceux - cy, *Inimicus Expulfus*. Parce
qu'on pretend qu'il ait efté de la maifon des *Caccianemici* de Bologne. Eft-
il croyable que S. Bernard qui fit l'O-
raifon funebre de S. Malachie, qui a
écrit fa vie, & qui écrivit des Lettres
fur le fujet de fa mort, n'eut fait aucune
mention de ces Propheties qui devoient
alors eftre connuës & verifiées par trois
exemples. D'ailleurs ce Saint qui prend
plaifir à faire des allufions, & qui écrivit à Eugene tant de Lettres, & un fi
beau Traitté de la Confideration, ne
luy auroit-il jamais rien dit fur fa Prophetie, *Ex magnitudine Montis?* Toutes ces Raifons jointes au filence uni-
verfel de tous les Autheurs de plus de
quatre cens ans qui n'en difent mot,
jufqu'à Arnoul de Vyon, me font tenir
ces pretenduës Propheties pour fauffes
& fuppofées, & leurs interpretations
tirées la plus-part des armoiries, des interpretations chimeriques.

A ces interpretations fabuleufes il
faut joindre celles de Caramvel fur les
armoiries des Roys d'Efpagne, qu'il

pretend avoir esté revelées au Prophete
Ezechiel, & que la vision celebre du
Char de la gloire de Dieu qui fut montré à ce Prophete, n'est autre chose que
la description de ces armoiries, qui seroient de cette sorte les plus glorieuses
que le monde eust jamais vuës. Aussi
donne-t'il à son ouvrage ce titre magnifique, *Declaracion Mystica de las Ar-*
mas de España invictamente belico-
sas.

Il suppose premierement que le premier Homme fut creé en Espagne, &
que c'est en ce Pays-là qu'estoit le Paradis Terrestre. Qu'apres le deluge ce
fut le premier pays habité, & pour preuve de ces propositions, il renvoye à
d'autres Ouvrages qu'il dit avoir composé sur ce sujet, & on lit aux margés
de ce discours, *Videatur meus Paradi-*
sus & Hexameron, & Babylonia, ubi
hæc ex professo satis copiosé ediffero.
Apres cette premiere supposition, il en
fait une seconde, à sçavoir que le
Royaume d'Espagne est le Royaume
de Tharsis de l'Ecriture Sainte. Ainsi
quand il est dit dans le Prophete que les
Roys de Tharsis viendront pour offri-

leurs prefens, il faut l'entendre des Rois
d'Efpagne. Et la vifion d'Ezech el eft la
vifion d'Efpagne *vifio Tharfis*. Parce
qu'en la verfion des Septante au lieu dé
la vulgate qui dit, *& afpectus Rota-*
rum, & opus earum quafi vifio maris.
On lit, *& afpectus Rotarum, & fa-*
ctio earum quafi fpecies Tharfis. Il pretend que ce *fpecies Tharfis* eft l'Ecuffon
des armoiries des Rois d'Efpagne, &
commence fa troifiéme refverie qu'il
nomme *penfamiento terzero* par ces
mots, *Emos vifto ya que el profeta*
habla en fingular de nueftra Efpana ya
tenemos bien claramente conocido, que
es fu intento hazer un bofquojo de las
delineaciones de fu efcudo. Ainfi Ezechiel felon Caramuel, ne penfoit qu'à
faire l'office d'Heraut-d'armes des Rois
d'Efpagne, & à blafonner leurs armoiries en cette celebre vifion. Selon luy
ce Prophete commence à blafonner par
le fupport de l'Ecu qui eft un Aigle,
Et facies Aquilæ defuper ipforum qua-
tuor. Voilà dit-il un Aigle qui tient un
Ecuffon écartelé, comme on le voit
aux doubles ducats d'or de Ferdinand &
d'Ifabelle, dont la legende eft en quel-

ques uns. *Sub umbra alarum tuarum,*
à cause de cét Aigle, que Ferdinand fit
servir de support aux armoiries d'Espagne, pour marquer en mesme temps
son origine, & sa dignité Royale. *Et
facies eorum, & penna eorum exten-
tæ desuper.* Voilà dit Caramuel, l'Aigle
éployé, qui embrasse tous ces quartiers.
L'ordre de la Toizon n'y manque pas,
ajoûte-t'il. *No se olvida del Tuson el
Profeta pues dice que avia splendor in
circuitu. Et vidi quasi speciem electri
velut aspectum ignis intrinsecùs ejus
per circuitum, à lumbis ejus, & desuper, & à lumbis ejus usque deorsùm
vidi quasi speciem ignis splendentis in
circuitu.* Voilà dit-il le collier fait de
fusils passé dans le col de l'Aigle, &
tourné autour de l'Ecu. Et parce qu'il a
peine d'y trouver la Toison, il change
le Bœuf de la vision en Bellier. *Facies
bovis à sinistris ipsorum. Mischo Ma-
lien.* Il dit qu'en conservant les mesmes
lettres on peut lire, *Mischvam Eliem
de loco Arietis aut agni eorum.* De
sorte dit-il que voilà la Toison. *De
suerte que ay cordero que pendulo de
aquellos circulos determine el principio*

de la piel de Toro con que se fortaleze aqueste Escudo de Armas. Pour établir ces resveries, il se sert d'une fable, dont il prend Berose pour garand. Il fait Hercule autheur des pieces des armoiries d'Espagne, & ajustant le Chasteau & le Lion de Castille & de Leon, à ses fables, il fait que le Chasteau de Castille est la Tour de Babel, & le Lion, celuy de la forest de Nemée, voilà ce qu'il appelle le sens litteral de la vision d'Ezechiel, & si litteral, qu'il défie qu'on en puisse trouver un autre qui puisse passer pour raisonnable. *Vasta me à mi que no sea contra las sagradas letras, antes tan conforme à ellas que en sentido historico tengo por inpossibile que se dee otra interpretacion que pueda llamarse raçonable* J'en laisse juges ceux qui liront cette application mysterieuse.

Gilles Gelenius, qui a écrit en Latin des familles principales de Cologne, qu'il fait descendre des Romains, raisonne aussi à sa maniere, sur quelques figures des armoiries. Il appelle les gyrons Rayons du Soleil, & les Rais d'Escarboucle, *Roües du Soleil*; & philosophe plaisamment sur ce sujet.

Nicole Gilles a fait aussi de sa façon
une interpretation mysteriuse de nos
Fleur-de-Lys en ses Annales de France
1230. en ces termes. *En une Fleur-de-*
Lys y a trois pampes ou fleurons, dont
le grand signifie la foy Chrestienne, &
les deux autres qui font plus bas aux
deux costez, signifient le Clergé & la
Chevalerie, qui doivent estre toûjours
prets à garder la foy.

Ces applications mysterieuses sont
allé si avant, qu'il s'est trouvé cinq ou
six Autheurs, qui ont crû avoir obser-
vé dans le ciel des Phenomenes, qui
marquoient par les figures des armoiries
divers evenemens. Ces autheurs sont
Leonard Brusser de Louvain. Claude
Lambert Bourguignon, Sanche de
Huerta de Vailladolid, Christophle
Brahé Danois, & Jean Garibi Italien,
imprimez tous cinq ensemble à Venise,
chez les Juntes l'an 1651. sous ce titre
de Phænomenis ostentis ab anno 1641.
ad 1650. *opusculum D. Ioannis Garibi*
Philosophiæ ac Astrologiæ periti cum in-
terpretatione clarissimorum virorum
Leonardi Busseri Lovaniensis, Claudij
Lamberti Burgundi, Sancij de Huerta
                              Valli-

Vallisoletani, Christophori Brahe Dani.

Parmy ces Phenomenes il en décrit un, qu'il dit avoir paru l'an 1646. le 16. May à six heures de nuit, sous la constellation du Sagittaire, à l'égard de ceux qui avoient l'elevation du Pole 40. 33. 28. 21.

Il parut dit-il un Lys vers lequel voloit un Essaim d'Abeilles, qu'une Colombe poursuivoit, & c'estoit selon son sentiment, pour signifier la persecution que le Pape Innocent X. faisoit aux Cardinaux Barberins.

Anno 1646. die 16. May hora sextâ noctis, sub constellatione sagittary existentibus ad elevationem poli Arctici 40. 33. 28. 21. visus est flos lily ad quem volabat examen Apum quas Columba persequebatur.

Judicium.

Examen Apum, quas dùm persequebatur Columba refugiebant ad flores lily, significare vult Bußerus Cardinales Barberinos, qui gerunt Apes in suo gentilitio stemmate sequutas iri à Columba, id est à Pontifice, qui gerit Columbam in insigni, & confugere vult

M

*ad lily florem , id eſt ad protectionem
Regis Galliæ. ſiſt. 6.*

Il y a quantité d'autres prodiges de
cette nature en ce recüeil , mais ces
Phenomenes me ſont d'autant plus ſuſ-
pects , qu'on ne les voit qu'aprés ſou-
per. Il y en a d'autres , qui pour eſtre
plus naturels , ne laiſſent pas d'avoir des
interpretations auſſi peu ſeures , puis
qu'ils peuvent eſtre de purs accidens ,
auſquels on donne le ſens que l'on veut.
Ainſi Marſile Ficin , dit que lors que
Laurent de Medicis , ſurnommé le
Magnifique , mourut , l'air qui eſtoit
clair & ſerain , ſe troubla tout à coup ,
& que la foudre frappant le dome de
l'Egliſe de Sainte Reparate , il en tom-
ba une partie avec les boules de marbre ,
qui ornoient cét Edifice , qui furent
portées par la tempeſte juſques aux
pieds du Palais de Medicis , ſans qu'on
les pût trouver aprés. On dit de meſme , qu'à la mort de Henry III. le dernier de la branche des Valois , la foudre
eſtant tombée ſur la Chapelle de l'Hoſtel de Bourbon , ne fit qu'oſter le bâton qui ſervoit de briſure aux armoiries
de la maiſon de Bourbon , qui eſtoient

dans une des vitres , & que ce fut un
augure que cette branche devenoit le
tronc & le chef du nom , & des armoiries de la Maison Royale. On dit aussi
qu'à la Mort d'Urbain VIII. on trouva
trois Abeilles mortes sur la fenestre de
sa chambre , & que le jour de l'Exaltation d'Innocent X. au Pontificat, une
Colombe s'alla poser sur sa fenestre.
Toutes ces choses peuvent estre naturelles , & je ne voudrois pas toûjours les
recevoir comme des prodiges.

Antoinette de Baux , Duchesse de
Tremoli, estant sur le point de mourir,
il parut une Estoile sur son lit , qui dis-
parut au moment qu'elle expira , sa famille qui portoit pour armoiries une
étoile de seize rais , s'éteignit en elle,
estant morte heritiere de ses deux freres, Hemond & Bernardin , morts sans
enfans. *E fama ch à tempo de nostri
Avoli morendo Antonicca del Balzo
Duchessa di Termoli fosse stata veduta
una stella apparir sul letto della Duchessa al cui spirar anch essa spari.*
C'est ce qu'en dit l'Autheur des familles étrangeres alliées avec celle della
Marra à Naples.

M ij

Simeoni a remarqué quantité de ces
prodiges, dont quelques uns sont un
peu tirez entre autres, quand il dit que
le Cardinal d'Amboise, ayant fait mettre ses armoiries en divers endroits d'un
de ses Benefices, il avoit fait faire autour des Ornemens de trois demy
ronds, qui faisoient une espece de tref-
fle, qui se trouvoit ainsi representer les
armoiries du Cardinal de Prat, qui luy
succeda en ce Benefice.

Quelques Autheurs mal informez
des occasions de certaines armoiries,
nous ont donné des conjectures, & des
interpretations mal fondées, que d'autres ont receu comme les veritables
causes de ces armoiries. Favyn page
1366. dit que les Armes antiques de Suede estoient coupées en bande de gueules
& d'azur à une gerbe d'or sur le tout,
pour la fertilité de ses bleds. Ce sont les
armoiries de la maison de Vvasa, dont
estoit le grand Gustave, elles sont tiercées en bande d'azur d'argent & de
gueules à une gerbe de seigle d'or. Ce
sont armoiries parlantes, que le Roy
Casimir, & la Reyne Christine portent encore comme leurs armoiries propres.

Le Feron s'est aussi trompé, quand il
a dit que les Fleur-de-Lys qui debor-
dent de l'Ecu de Portugal, montrent
les alliances, faites avec la France.
Puis que c'est la Croix de l'ordre d'Avis
accollée derriere l'Ecu, & dont on ne
voit que les extremitez fleurdelisées.

Ce chapitre deviendroit infiny, si je
voulois ramasser toutes les extravagãces
qui se font faites sur ce sujet, particulierement celles dont les autheurs Espagnols ont grossi leurs genealogies, qui
font la plus-part pleines de fables, quant
à l'occasion des armoiries. On n'y voit
que des Chasteaux pris, des Villes for-
cées, des Rois enchaisnez des testes de
Princes Mores coupées, des Princesses
delivrées. Ce n'est pas qu'il n'y ait parmy leurs relations beaucoup de choses
veritables, mais il y en a aussi beaucoup
de supposées, qui affoiblissent la creance que l'on pourroit donner à celles qui
font vrayes.

Les Anglois ont eu aussi des fictions
en armoiries, & des interpretations
aussi mal fondées que celles des autres
Nations. Upton en a de si extravagantes, que je ne sçay si on en peut trou-

ver de plus étranges. Il dit que porter un Sanglier en Armoiries, c'est la marque d'un homme envieux, d'un homme guerrier, subtil & vaillant. *Aprum portare vel verrem in armis significat hominem invidum, bellatorem, subtilem, & fortem qui citiùs in pugnâ morietur quàm fugiendo vitam servet. Nic. Vptonus de Militari officio Lib. IV.* porter un Cerf, est la marque d'un Musicien, d'un homme sage & subtil. *Cervum in armis portare est signum, quod portans vel saltem primus assumens fuit cantor vel delectans in canticis & harmoniis, ac sapiens & subtilis.* A l'égard des Bœufs & des Mulets, il a des choses tout à fait extravagantes.

Jean Gvvillim a des applications à peu prés semblables en son explication de l'Art Heradique, qu'il nomme en sa langue *Display of Heraldrie.* En la section premiere du chapitre VIII. il traite des *Abatemens.* C'est ainsi qu'il nomme certaines partitions, qu'il appelle *deshonorables,* & marques d'infamie. Un quarré au milieu de l'Ecu, quand il est simple & sans aucune autre figure, est la marque d'un homme qui a manqué de parole au deffy qu'il avoit donné dans les formes. Un Ecuſſon renverſé dans un Ecu, eſt ſelon luy, la marque d'une perſonne qui a abuſé d'une fille ou d'une veuve, le canton dextre de l'Ecu taillé, eſt la marque d'un homme qui s'eſt vanté impudemment. La pointe eſt marque d'une lâcheté faite en guerre, la Champagne arrondie en pointe d'Ecuſſon, celle d'un homme qui a tüé un priſonnier de guerre, & la Champagne ſimple, celle d'un Gentilhomme qui a menty à ſon Prince.

Il donne un ſeneſtré taillé retranché en demy rond à un coüard, & le gouſſet à un yvrogne. Ce ſont des fantaiſies de certains Herauts, qui pour groſſir leurs recüeils, les rempliſſoient de ces figures faites à plaiſir, qui n'ont jamais eſté d'uſage, n'y ayant point de Gentilhomme qui voulut conſentir de porter de ces marques d'infamie.

CHAPITRE V.

Du changement des Armoiries.

IL y a six causes ordinaires du changement des armoiries. Le changement de Seigneur pour les Communautez, la succession aux Souverainetez, l'Adoption, quelque Eevenement
insigne, la Pieté, & l'Infamation.

La ville d'Avignon, qui portoit anciennement un Gerfaut pour armoiries,
commença à porter trois clefs, depuis
qu'elle fut aux Papes, & retint deux
Gerfauts pour supports.

Les Stuarts Rois d'Angleterre, ont
quitté les armoiries particulieres de
leur Maison, pour prendre celles des
Royaumes d'Angleterre, d'Ecosse, &
d'Irlande.

Pour les Royaumes Electifs, ceux
qui y sont élevez, retiennent pour l'ordinaire les armoiries de leurs maisons,
qu'ils mettent sur le tout de celles de
leurs Souverainetez, comme font les
Rois de Pologne.

L'Adoption

L'Adoption, ou substitution au nom & armes d'une autre famille, fait tous les jours changer les noms & les armoiries de quantité de Maisons. Monsieur le Duc Mazarin a quitté le nom & les armoiries de la Porte de Vezins, pour le nom & armoiries du feu Cardinal Mazarin.

En la bataille de Pavie, un Savoyard nommé d'Arcolieres, ayant empesché le Roy François Premier d'estre tué, receut de luy la permission de changer ses armoiries, & de porter doresnavant d'azur à une Espée haute d'argent, addextrée d'une Fleur-de-Lys d'or.

En Pologne, Florent Sarius de la maison de Jelita, ayant esté blessé de trois lances, en la fameuse victoire que le Roy Ladislas Loctique, remporta contre les Chevaliers de Prusse, ce Prince pour reconnoistre la valeur de ce brave, luy donna pour armoiries de gueules à trois lances d'or en poignée, celle du milieu la pointe en bas, au lieu d'un chevreüil, qui estoit ses premieres armoiries. Les Zamoiski sont de cette maison.

Il y a des Prelats, qui par humilité,

N

& par des fentimens de Pieté, ont quitté les armoiries de leurs maifons, pour prendre ou la Croix, ou les Chiffres facrez des Noms de Jesus ou de Marie, ou les Images des Saints Tutelaires de leurs Eglifes.

On change quelquefois les armoiries pour abolir la memoire de quelque méchante action. Comme on fit à Venife l'an 1310. à l'occafion de l'entreprife de Bayamont Tiepolo, qui fe voulant faire Seigneur de Venife, affifté de quelques-uns des *Querini*. La nuit de la veille de Saint Vite le 14. de Juin, fut défait avec ceux de fa faction dans la place Saint Marc, & obligé de fe retirer fur le Pont de Rialte, où s'étant fortifié, il fut forcé par Hugolin Juftiniani, Antoine Dandolo, & Baudoin Delfino. On prit une partie des factieux, dont les uns furent bannis, les autres condamnez à mort, on coupa le poing à quelques-uns, on confifqua le bien de tous, & en execration de cette entreprife, on fit la boucherie publique de Rialto, au lieu du Palais de Tiepolo. On coupa la tefte à Badoëre Badoëre l'un des autheurs de la confpiration. Et il fut ordonné par cry public à tous les Tiepoli, & les Quirini, qui n'avoient eu aucune part à cette entreprise, de ne plus porter leurs anciennes armoiries. Les Tiepoli portoient d'azur à la Tour d'argent fermée & donjonnée en forme de Chasteau. Et le manuscript des familles nobles de Venise dit. *E da sapere che non portavano anticamente l'Arma ch' al presente portano, mà portavano una Torre con doi castelli, e gli fù dismessa del 1310. peril tradimento di Bayamonte Tiepole.* Il y en a qui disent que leur armoirie d'apresent est une queuë de Vipere, d'autres disent que c'est une corne de Bellier. Elle a assez de rapport au bonnet du Doge.

Les *Quirini* portoient écartelé d'argent & de gueules. Depuis ils ont porté les uns de gueules au B. d'argent au chef cousu d'azur chargé de trois Estoiles d'or. D'autres le B. d'azur sur gueules. Ce B. & cette affectation d'armes fausses semblent avoir quelque rapport à la conspiration de Bajamont. D'autres ont porté d'or à une fasce d'azur chargée de trois Estoiles d'or, que d'autres ont changées en autant de Fleur-de-Lys, &

mefme ceux qui portoient les Eftoiles
en chef les ont fouvent changées en
Fleur-de-Lys, depuis leurs Ambaffadés
en France. Il eft forty de grands hommes de cette famille, & la fletriffure
que trois ou quatre de ce nom pou-
voient luy avoir fait en cette confpiration, a bien efté reparée par le merite
de tant d'honneftes gens, qui en font
venus du depuis.

La famille des *Dori* s'éteignit en
Pierre Doro, qui avoit eu part à cette
entreprife. Ainfi il n'y eut pas lieu de
changer fes armoiries, mais on fit changer aux Balduini l'Aigle d'or qu'ils portoient fur gueules, en un lion de gueules,
fur or; parti d'or à trois bandes de gueules, au lieu d'un bandé d'or & de gueules de huit pieces. Cette race fut depuis
degradée entierement, à l'occafion d'u-
ne nouvelle entreprife faite par un
François Balduino, pour laquelle il fut
pendu, & tous fes heritiers privez du
Confeil pour certain temps.

Quelquefois on fe contente de changer quelqu'une des pieces des armoiries, fans les changer entierement comme en Pologne *Niezgoda*, branche de

la maison *Dolega* porte d'azur au fer
de cheval baissé d'argent à une fleche
en pal, la pointe en bas, le tout tra-
versé d'une Espée contretournée pour
un crime de fratricide, commis par un
de cette maison. Monsieur le Laboureur a plusieurs de ces exemples en la
relation de son voyage de Pologne, &
ces exemples sont tirez du Pere Simon
Osckolski, qui a écrit de la Noblesse
de Pologne.

Vn de la maison de Iastrzembiec,
s'estant trouvé au meurtre de Saint Sta-
nislas l'an 1079. ses parens qui deteste-
rent cette action, ne voulant pas souf-
frir que leurs descendans en fussent
notez, luy osterent ses armes, afin de
le retrancher comme un membre pourry;
& au lieu qu'il portoit auparavant d'a-
zur au fer de cheval montant d'or à la
croix pattée de mesme entre les deux
pointes. Il luy ordonnerent de les porter
à rebours, sçavoir d'azur au fer de
cheval baissé d'or, à la croix de mesme
au dessous. C'est pourquoy ses descen-
dans ont gardé cette tache, sous le nom
de Tepodkouva, dont sont entre autres
les quatre branches de Sauuski, Brze-

ziski, *Gierltouuski*, & *Oftrouuf-*
chi. Et parce que le cimier eft prefque
infeparablement attaché aux armes
dont il fait partie, & que l'on ne le
change point en Pologne, que pour des
raifons notables, c'eft la couftume de
le retrancher auffi à ceux qui font tom-
bez dans la honte de quelque crime, à
ceux cy qui portoient l'efpervier pour
cimier, quand ils joüyffoient des pleines
armes, l'on ne laiffa qu'une aile fur
le tymbre.

Vne autre branche de la Maifon de
Iaftrzembiec, a fait une Maifon fous
le nom de *Zagloba*; & porte fa tache
feparée, pour un fratricide commis par
fon anceftre : lequel en horreur de fon
crime fut feparé de la Tige, & aban-
donné, fous un autre nom par fes parens, qui luy ordonnerent pour armes
d'Azur au fer de Cheval, renverfé
d'or, & au lieu de la croix un fabre ou
cimeterre, qui traverfe le fer, & garde neantmoins en bas la forme de la
croix à caufe de la branche. Pour cimier on luy donna une aile de l'Eper-
vier, qui depuis a efté changée en celle
d'un Aigle traverfée d'une fleche. Ceux

qui en sont descendus ont fait les branches de Zaglobiski & Smarzeuski. Là mesme rigueur a esté observée dans la race de Starza, & le champ de l'Escu qui estoit d'azur rougy du sang de Paul Evesque de Cracovie, tué par un de la Maison.

Il y en a qui sans aucune autre raison que de flatter leur vanité quittent leurs anciennes armoiries pour en prendre de certaines maisons dont ils affectent de persuader qu'ils sont descendus. Les exemples en sont frequens, mais je me contenteray de donner celuy de la maison des Galles Comtes de la Buysse en Dauphiné, qui portoient d'azur à six molettes d'argent 3. 2. & 1. au chef de mesme, jusqu'à ce que quelques flatteurs ayant persuadé à Loüis de Galles Sieur de la Buysse Mareschal de Camp, & Colonnel des Legionnaires de Dauphiné, Lyonnois, Forest, & Beaujolois, qu'ils descendoient des anciens Princes de Galles d'Angleterre, leur en firent prendre les armoiries, qui sont écartelées d'or & de gueules à quatre Leopards lionnez de l'un en l'autre. Ce fut ce Loüis de Galles qui fut second

du Duc de Crequy, en ce duel fameux
qu'il fit contre Dom Philippin de Savoye, sur le sujet d'une Echarpe.

Cette affectation de vouloir se faire
descendre des maisons Souveraines, &
des familles Illustres est si ancienne, que
Valere Maxime en a fait le dernier
Chapitre de ses neuf livres, des faits
memorables sous ce titre *de his qui per
mendacium se in alienas familias in-
seruerunt.* C'est la cause de l'alteration
de quantité d'armoiries, dont il me seroit aisé de donner plusieurs exemples,
si le point n'estoit pas si delicat.

J'ay connu en Italie un autheur celebre en Genealogies, à qui il ne coustoit
rien de faire descendre des Empereurs, &
des anciennes familles Romaines. Il s'en
loüoit à moy côme d'un talent conside-
rable. Et il en a publié plusieurs de cette
nature. Scioppius n'a pû souffrir la vanité
de Jules & de Joseph, de l'Escale, qui
ayant nom *Burdon*, du nom de leur
famille estoient nommez de l'Escale, de
l'Enseigne de la boutique du Pere de
Jules, où pendoit une Echelle, sous les
degrez de Saint Marc à Venise, ce qui
le fit appeller *Messer Benedetto della*

Scala. Comme on nomme en France les Hoſteliers Monſieur du Lion d'or, Monſieur du Loup, Monſieur du Parc. Jules Ceſar venant en France, quitta le nom de *Burdone*, & retenant celuy de la Scala, voulut faire croire qu'il deſcendoit des Comtes de la Scala, anciens Princes de Verone. Ce que Joſeph ſon fils a voulu auſſi perſuader en l'Eloge Latin de ſon Pere, qu'il a addreſſé à Jean Douza, c'eſt contre cét Eloge que Scioppius a écrit un grand traité ſous ce titre. *Gaſparis Scioppij Scaliger Hypobolimæus : hoc eſt Elenchus Epiſtolæ Ioſephi Burdonis Pſeudoſcaligeri de vetuſtate & ſplendore gentis Scaligeræ, quo præter crimen falſi & corruptarum literarum Regiarum, quod Thraſoni iſti impingitur, inſtar quingenta ejuſdem mendacia deteguntur, & coarguntur.* Cependant ce Joſeph Scaliger ne laiſſa pas de prendre les armoiries des Comtes de la Scala, avec la Couronne, ce qui fait que Monſieur de Balzac le nomme en raillant, ſon Excellence de Verone, & les Hollandois luy firent aprés ſa mort un Service ſolemnel, comme à un Prince, avec

Oraison Funebre. Ils ont mis ses armoiries dans la Bibliotheque Publique de
Leyden, ceintrées d'une Couronne fermée, quoy que ses ancestres ayent esté
Medecins, Chirurgiens, Tailleurs,
Peintres, Enlumineurs, & Maistres
d'Escole. Ils ne sont pas les seuls, qui
se soient faits ainsi grands Seigneurs de
leur chef, & s'il falloit examiner la
Noblesse de quelques uns, qui se font
des ancestres à leur maniere dans les
pays Estrangers, on trouveroit des genealogies qui ne seroient pas toûjours
les plus fideles du monde.

Il y a des armoiries que l'on ne change
qu'en partie, & depuis peu quelques
familles ont retranché des leurs quelques figures pour les rendre plus agreables, plus belles, ou plus singulieres.
Il y a bien eu des Croissans, des Estoiles,
des Roses, des Croisettes, & d'autres
pareilles figures retranchées de cette
sorte des armoiries de quelques maisons modernes, pour laisser des chefs,
des fasces, des bandes, & des chevrons déchargez, ou pour les rendre
plus semblables aux armoiries de quelques maisons dont elles estoient bien

ses que l'on les crut descenduës.

Outre ces six causes generales du changement des armoiries, le changement d'état oblige quelquefois de les changer. Comme à Florence au temps des factions des Guelphes & des Gibellins, plusieurs familles des plus nobles, pour pouvoir demeurer dans la ville, quand le peuple estoit le maistre, furent obligées de se mettre dans l'état populaire, & de changer de noms & d'armoiries, comme j'ay fait voir par plusieurs exemples au traité des origines, au paragraphe des factions. Au contraire à Gennes, quand pour la distinction des familles nouvelles, on les reduisit à vint-huit principales, ausquelles les autres s'aggregerent, plusieurs changerent leurs noms & leurs armoiries.

Les *Bentivogli*, qui demeurerent à Bologne, aprés que le Papes Jules II. s'en fut rendu maistre, eurent ordre de ce Pape, de quitter leurs anciennes armoiries, qui estoient tranchées endentées, & au lieu de cette partition, ils prirent des flammes de feu, avec des glands en chef, pris des armoiries du Pape.

Le changement de lieu, d'habitation,
& de demeure, peut faire changer les
Armoiries. Un Azzo Azzolin de Bologne, eſtant venu en France, changea
les ſix Eſtoilles de ſes Armoiries en autant de Fleur-de-Lys. Une branche des
Quirini de Veniſe a fait le meſme de
ſes trois Eſtoiles.

Les *Machiavelli* bannis de Florence,
à l'occaſion des guerres civiles, ſe reti-
rerent à Bologne, & à Loïano, ſur les
montagnes voiſines de Bologne. Ceux
de Bologne retinrent leurs anciennes
armoiries de la croix & des clouds, mais
ceux de Loïano prirent trois clouds ſur
trois montagnes, pour ſe diſtinguer de
ceux de la ville. De meſme ceux des
Capponi, qui ſortirent de la meſme ville
de Florence en pareille occaſion, au lieu
du tranché d'argent & de ſable, prirent
un chappon, pour faire alluſion à leur
nom.

Il y a parmy les anciennes Ordon-
nances du Royaume de Portugal,
des deffenſes expreſſes ſous de grieves
peines, de changer ou alterer ſes armoiries ſans permiſſion du Roy.

Venons enfin à l'uſage des ornemens

du Blaſon, qui ſont les Caſques, les Bourlets, les Tymbres, les Lambrequins,
les Couronnes, les Colliers des Ordres,
les marques des Dignitez, les cris de
Guerre, & les Deviſes.

CHAPITRE VI.

Des Ecus Panchans, & des Caſques.

LA plus part des anciens Ecuſſons,
ſont repreſentez panchans, & in-
clinez ſur un de leurs coſtez en pluſieurs
ouvrages publics, parce qu'on les expoſoit de cette ſorte aux ceremonies des
Tournois, ce qui s'appelloit faire feneſtre, parce qu'on les rangeoit de cette
ſorte le long des feneſtres d'un Palais,
ou le long des balcons dreſſez pour les
Princes & pour les Dames, qui aſſi-
ſtoient à ces Feſtes. Les noms des Chevaliers, Damoiſeaux, & Bacheliers,
eſtoient écrits au deſſous, avec leurs
deviſes, & on mettoit au deſſus leurs
caſques avec leurs cimiers, bourlets,
& lambrequins des émaux de l'Ecu. Il

y en a un bel exemple à Rome dans le
cloiſtre de Saint Jean de Latran, où
ſont les armoiries de vingt Chevaliers
Arragonnois, qui du temps d'Eugene
IV. furent envoyez par Alfonſe V. Roy
d'Arragon & de Naples, pour ſervir
ce Pape, contre François Sforze, qui
avoit fait ſoulever les peuples de la
Marche d'Ancone, qui font une partie
de l'eſtat Eccleſiaſtique. Jacques Romeu eſtoit leur chef, & Capitaine general des troupes qui y furent envoyées.
Il n'y a que l'Ecu des armoiries du Roy
Alfonſe qui ſoit droit, parce qu'il eſt
couronné. Tous les autres ſont panchans avec le caſque ſur la pointe droite, le bourlet & le cimier avec une deviſe en langue Catelane.

Le Heraut d'Armes d'Arragon veſtu
de ſa Cotte-d'Armes pallée d'or & de
gueulles des armoiries d'Arragon a ſon
émail ſur le coſté droit, d'un Ecuſſon
d'Arragon couronné. Il a une toque
ronde d'écarlate rebordée d'hermine,
avec une plume haute ſur le devant. Il
tient de la droite l'Epée nuë panchée
contre ſa teſte, & de la gauche il tient
une chaiſne à laquelle ſont liez tous les

Ecuſſons des Armoiries des Chevaliers.
Il a à ſes coſtez un petit Ecuſſon de ſes
armoiries, qui ſont d'argent, à trois
lozanges de gueulles, chargées chacune
d'une teſte arrachée de lion d'argent miſe en bande, le caſque de pourfil mis
ſur la pointe de l'Ecu panché, tymbré
d'un bourlet des Emaux de l'Ecu, & d'un
vol de pourfil, au milieu duquel eſt une
teſte de Lion. Voicy les noms des vingt
Chevaliers, leurs armoiries, & leurs
deviſes.

1. Jacques Romeu, d'or à une Taſ-
ſette de Pelerin, d'azur. Le cimier eſt
un jeune Homme, veſtu d'un pallé d'Arragon, qui tient entre ſes deux mains
élevées, la figure de l'Arc-en-Ciel. La
deviſe eſt *Mon Voler Compir gira*. Il
faudra accomplir ma volonté.

2. Louïs de Soler, écartelé en ſautoir, au 1. & 4. de gueules, à une mai-
ſonnette d'argent. Au 2. & 3. d'or, à une
planté de Roſier fleurie de gueules. Cimier un Levrier Iſſant, deviſe. *De ti ſola.*
De toy ſeule.

3. Perez Corella de gueules plain,
party de gueules à la cloche d'argent,
une bordure danticulée de meſme, au

baston ou filet d'argent, brochant sur le tout. Cimier une pomme de pin avec une touffe. Devise, *Forzar voler*, forcer sa volonté.

4. Jean Martorel, écartelé au 1. & 4. fascé vivré d'azur & d'argent. Au 2. & 3. d'or à une tour d'azur. Cimier une Moinesse. Devise, *Mi voluntat siempre una*. Ma volonté toûjours une.

5. François Ferrer, d'or à trois jumelles de gueulles en bande. Cimier une Femme, vestuë d'azur au couvrechef flottant. Devise, *Mes que jamais*, plus que jamais.

6. Remon Villamaria, d'argent à quatre paux de gueulles. Cimier un oyseau croupy, le vol étendu. Devise, *No pus treva*, je n'ay plus de treve.

7. Dom Narcis Sandonis, d'azur au chevron d'argent, au chef de mesme, & deux fasces brochantes sur le chevron. Cimier une teste de vieillard enchaperonnée. Devise, *Bondat*, Bonté.

8. Pedro de Rippol, d'or au coq d'azur, bequé, cresté, & membré de gueulles. Cimier un demy corps d'Homme, qui détournant la teste, montre d'une main une colombe, qui semble voler

vers

vers luy. Devise, *Tu no ven à mi*, ce n'est pas à moy que tu viens.

9. François Alois, de gueulles, au lion d'argent. Cimier un lion naiſſant. Devise, *So de qui ſo*, je ſuis de celuy à qui je ſuis.

10. Gilem Remon de Villa-franca, d'azur à huit bezans d'argent, rangez en deux pals. Cimier, une guenon en-capuchonnée, ayant ſes petits dans ſon capuchon renverſé, & tenant devant ſoy une écharpe en rond. Il n'y a pour devise que ſon nom. *Vilafranca.*

11. Remon de Soler, comme Louis à la ſeule difference d'un cimier d'une eſ-pece d'aigrette. Devise, *Honor qui la merece*, honneur qui le merite.

12. N. Correla Gouverneur du Royaume de Valence, portoit comme Perrez de Corella, à la difference du baſton qui eſt oſté, & qui eſtoit une briſure de cadet. Cimier un grand ſer-pent à teſte humaine, tout entortillé de ſa queuë. Devise, *Franca libertat*, franche liberté.

13. Pedro de Arnius, écartelé au 1. & 4. d'or à trois paux d'azur, au 2. & 3. d'or à une bande de ſable chargée de

O

trois croiſettes pattées d'argent, accoſtée de ſix autres de gueulles. Cimier
un Moine joignant les mains avec des
oreilles d'Aſne. Deviſe, *Aſo es mon.*
Le nom manquoit au deſſus de cette
armoirie, mais je l'ay ſupplée par le
catalogue de ces Chevaliers, qu'Eſ-
colano hiſtorien du Royaume de Valence, a inſeré dans ſon hiſtoire l. 9. page
1359.

14. Guillem. Ramon Planella, d'or
à la faſce d'azur, cimier une main dextre, ſortant des flammes, avec un bourlet chargé de trois H. Il y avoit du my-
ſtere en ce cimier, comme l'explique la
deviſe, qui dit, *Aſo es Magia,* cecy eſt
Magie.

15. Dom Civere, de gueulles à une
tige d'*Aſaron,* avec ſes trois raiſins
d'or. Cimier une harpie avec ce mot
Conrat pour deviſe. Je ne ſçay ce qu'il
vouloit dire par ce mot.

16. Martin Tolſa, écartelé au 1. &
4. d'azur à la croix pattée & allezée
d'or, au 2. & 3. de gueulles à la Tour
d'argent, cimier une Tour. Deviſe, *No
per abſencia,* voulant dire que ſon ab-
ſence ne changeroit rien dans ſon affe-
ction.

17. N. Calatayud, d'azur au foulier ou brodequin d'or. C'eſtoit une branche des *Zapatas*. Cimier un bras armé tenant une épée nuë, & ſortant de la gueulle d'une teſte de dragon. Deviſe, *Tot hom ſe Guart*, tout homme ſe garde.

18. Galeran Mercader, écartelé au 1. & 4. de gueulles à trois poids de marc d'or, au 2. & 3. d'azur au griffon d'or. Cimier un demy griffon. Je n'y ay pas remarqué de deviſe.

19. François Soler, les armoiries comme celles de Louïs, que j'ay déja blaſonnées au nombre 2. Cimier une main gauche. Deviſe, *La Millor es*, c'eſt la meilleure. Apparemment il eſtoit gaucher, & vouloit dire que la gauche eſtoit la meilleure, comme la main du cœur.

20. Barthelemy Ferrer, d'or à trois cottices d'azur abbaiſſées, & trois traverſes de gueulles auſſi abbaiſſées, croiſées en ſautoir par le bas, en chef deux fers à cheval, le droit de gueulles, le ſeneſtre d'azur. Cimier un levrier d'argent naiſſant, accollé de gueulles. Deviſe, *So de ſa dona*, je ſuis de ſa dame.

Ces armoiries estoient anciennement sous le porche de l'entrée de l'Eglise de Saint Jean de Latran, mais depuis qu'Innocent X. fit accommoder cette Eglise, on les a transportées dans le Cloistre, où elles sont encore. L'an 1564. Dom Louis de Requesens grand Commandeur de Castille, estant Ambassadeur à Rome pour le Roy Catholique les fit renouveller, comme on voit par cette inscription Espagnole. *Renovose esta memoria por mandado del Illustrissimo Senor Don Luis de Requesens Comendador Major de Castilla, Embaxador de la Magestad Catholica, en el mes de Agosto 1564.*

Escolano s'est trompé, quand il a crû que ce fut le Pape Eugene IV. qui fit mettre ces armoiries sur la porte de Saint Jean de Latran, pour reconnoistre les services qu'il avoit receus de ces Seigneurs Catalans & Arragonnois. C'est un Tournoy, comme le fait voir le Heraut d'Armes, qui est representé en teste de ces Armoiries, & les devises qui sont toutes d'Amour, comme on les portoit d'ordinaire dans les Tournois.

Dans les autres occasions, on ne

voyoit guere les armoiries qu'en de sim-
ples Ecuſſons ſans ornement, de quelque dignité ou qualité que fuſſent les
perſonnes. Comme on peut voir par
celles des Papes Clément IV. & Boniface VIII. dont les premieres ſont à Viterbe ſur le tombeau de ce Pape, qui
eſtoit François, & les autres contre un
pillier de l'Egliſe de Saint Jean de Latran à main droite en entrant par la
grande porte.

Celles de nos Rois depuis l'an onze
cent juſqu'à l'an treize cent, ſe voyent
preſque par tout de meſme ſemées de
Fleur-de-Lys d'or dans un Ecuſſon ſimple ſans Couronne, & ſans autre ornement.

Celles d'Iſabelle de Baviere femme de
Charles VI. ſont auſſi ſimples & ſans
ornement dans la Chappelle de Vincennes.

Celles des Ducs de Savoye ſont de
meſme en l'Abbaye de Hautecombe,
ſur le lac du Bourget, aux Grands Cor-
deliers de Chamberi, & pluſieurs autres endroits.

Celles des anciens Dauphins ſont de
la meſme maniere dans l'Egliſe Saint

André à Grenoble à cofté du Maiftre
Autel. Et pour en donner des exemples
de tous les eftats. J'ay fait reprefenter
icy celles du Cardinal Geoffroy du Bar-
beau, comme elles font fur fon Tombeau à Rome dans l'Eglife de Sainte
Praxede. Il eftoit Bourguignon, Cardinal du Titre de Sainte Suzanne, &
mourut de pefte l'an 1284. Il n'y a ny
Chapeau, ny Mitre, ny aucune autre
marque exterieure fur fon Ecuffon.

Celles qui fuivent, font de Cardinaux, d'Archevefques, d'Evefques,
de Patriarches, & de Doyens de Cathedrale, qui font auffi fans ornement.
De mefme que celles d'un grand Maî-
tre de l'ordre de Saint Jean de Jerufalem, celles de Laurent de Medicis, de
la ville de Florence, d'un Doria General des Troupes de la Republique de
Genne, d'un Lomellini qualifié Prince,
d'un Fregofe Duc de Gennes, d'un Spinola, en voicy l'explication.

Hugues de Biliom Cardinal du Titre
de Sainte Sabine, & depuis Evefque
d'Oftie & de Veletri, portoit fimplement trois teftes de chiens fans aucun
ornement, comme on voit par fon tom-

beau à Sainte Sabine. Ciaconius le nomme Hugues Seguin, & luy donne trois testes de Lions arrachées, mais j'ay vû sur son tombeau que c'estoient des testes de chiens.

Les trois suivans sont Ange Acciajoli Evesque de Florence & Cardinal. Ange de Anna Neapolitain, Religieux de Camaldoli, élû Evesque de Lodi, & depuis Cardinal sous sept Papes. Et Othon Colomna aussi Cardinal, & depuis élû Pape au Concile de Constance, où il prit le nom de Martin V. Les armoiries de ces trois Cardinaux sont de cette maniere à main gauche de l'entrée de la grande Eglise de Sienne.

Celles du Meuffle de Lion avec les trois étoiles en chef, sont d'un Beunolet, Doyen de Verdun, neveu du Cardinal Hugues de l'Estang Evesque de Mets, elles sont ainsi sur son tombeau dans l'Eglise de Sainte Sabine à Rome, avec cette Epitaphe.

Beunoleto Hugonis F. Decano Virdunensi, Guillermi Cardinalis Metensis Nepoti apud Avunculi peritissimi ossa. Georgius Guillermi agnatus .... obiit Kal. Mart. 1468.

Celles de Laurent de Medicis, sont de la maniere dont je les represente icy, en la Sacristie de Saint Laurent à Florence.

Celles de la ville de Florence sont telles que je les donne en divers lieux de Florence.

Celles des Doria sont en banniere sans ornement, sur la porte de l'Eglise de Saint Matthieu à Gennes, avec la Croix de la Republique, pour avoir esté Admiraux & Generaux des Armées de la Republique.

Celles de Lomello Lomellini, sont sur son tombeau, telles que je les donne, mais on les voit dans l'Eglise des Religieux Conventuels de Saint François, avec une Couronne, & cette inscription au dessous. *Stemmata hæc Regiis ornamentis ditionis totius insulæ Corsicæ decorata, ex Divi Bernardini antiquiori sacello huc translata fuere anno MDXC.*

Lomello Lomellino Domino totius insulæ Corsicæ Beneficio Serenissimi Senatus. Cujus rei extat monumentum in libro investiturarum.

Celles des Fregoses sont ainsi, sur un
ornement

ornement d'Autel assez antique, semé de Coqs d'or.

Les suivantes des Spinola, avec une cottice qui les brise sont sur le Tombeau, d'un Albotaccio Spinola, avec cette Inscription. *S. Domini Albotaccij De Spinolis & Hæredum ejus.*

Celles des Mulasani de Gennes, sont aussi sur le Tombeau d'un Jean de Mulasano, avec cette Inscription. *S. Domini Ioannis de Mulasano.*

Celles des Pontiani, anciens Gentils-hommes Romains, sont sur le Tombeau du fils de Sainte Françoise Romaine, dans une Chappelle de l'Eglise de Sainte Cecile à Rome.

Celles de Semur sont d'un ancien Archidiacre de l'Eglise de Saint Jean de Lion, dont les Chanoines ont titre de Comtes. Elles sont ainsi dans l'Eglise de Lion, & en diverses maisons du Chapitre.

Celles du Conestable de Clisson sont ainsi à Saint Denis.

Celles du Chancellier de Morvillers, sont aussi sans ornement, avec une courroye, à Saint Martin des Champs lieu de sa Sepulture.

P

Enfin les dernieres sont de François Marc, Conseiller au Parlement de Dauphiné, celebre par ses doctes decisions. Elles sont ainsi sur la porte de la maison qu'il avoit fait bastir à Grenoble. Sa Devise estoit, *Iustitia mihi constans, & perpetua voluntas.*

Monsieur Chorier à blasonné les Armoiries de cette maison en la troisiéme partie de son estat Politique de la Province de Dauphiné. Voilà donc des Papes, des Rois, des Reines, des Ducs Souverains, des Princes, des Cardinaux, des Archevesques, des Evesques, des Doyens, des Grands Maistres, des Admiraux, des Generaux d'Armées, des grands Seigneurs, des Connestables, des Chevaliers, & des gens de Robe, dont les Armoiries se trouvent sans ornemens.

A tous ces exemples, j'ajoûte l'Image du Tombeau d'Eleonor, Comtesse de Leicestre, fille de Jean sans Terre Roy d'Angleterre, & femme en secondes nopces de Simon IV. de Montfort, dont le cœur fut mis aprés sa mort dans l'Eglise de S. Antoine des Champs. Cette Princesse ayant été mariée en premieres

nopces à Guillaume Marechal Comte
de Pembrock, fit vœu estant veuve entre les mains d'Edmond Archevesque de
Cantorbery, de se faire Religieuse. Mais
nonobstant ce vœu Henry III. son frere,
ne laissa pas de la Marier à Simon de
Montfort Comte de Leicestre. Qui obtint depuis du Pape la dispense de ce
vœu. C'est peut-estre la cause pourquoy
elle a voulu estre representée vestuë en
Religieuse sur son Tombeau, tenant son
cœur entre les mains, comme si elle
l'offroit au Ciel. Aux costez de sa re-
presentation sont les Armoiries de ses
quatre fils. Les deux plus hautes sans
brisure, l'une pour l'aisné de la maison,
qui portoit les armes pleines, l'autre
pour un qui fut d'Eglise, & qui par con-
sequent ne brisa point. Le troisiéme
écusson est semé de croisettes pour brisure, & le quatriéme, chargé d'un lambel de quatre pendans. Tous quatre sont
sans ornemens.

Sur le haut bord de cette pierre, sont
six écussons des Armoiries d'autant de
Souverains. Des deux Empereurs d'O-
rient & d'Occident, du Roy de France,
du Roy d'Angleterre, du Roy de Sicile,

P ij

& du Roy de Castille, & de Leon. Toutes sont sans Couronnes, & sans aucun autre ornement. Celles de l'Empereur d'Orient, sont une Croix accompagnée de quatre bezans ou tourteaux,
chargez chacun d'une croisette. Celles
de l'Empereur d'Occident sont l'Aigle à
deux testes. Celles de France sont semées de Fleur-de-Lys. Celles d'Angleterre les trois Leopards. Celles de Sicile de semé de France avec le lambel,
armoiries de la maison d'Anjou branche
de France. Celles de Castille & de
Leon écartelées du Château & du Lion,
Ce Tombeau est sans inscription, mais
outre les armoiries de la maison de
Montfort, qui sont un argument in-
vincible, que c'est le tombeau du cœur
de cette Eleonor. Il y a un vieil inventaire des meubles d'Eglise de cette Abbaye, qui dit, *Sur le cœur de la Comtesse de Leicestre, un drap à chaque
jour, un aux Festes, un pour le Caresme.*

Chapitre VII.

Des Ecus Ronds, & de l'origine de la pratique des ornemens en Armoiries.

LA pratique des Genealogies, a introduit en armoiries les écus ronds, parce qu'anciennement on écrivoit les noms & les degrez des defcendans, dans des ronds, que les Grecs nommoient ςέμματα *Couronnes*, parce que ces ronds avoient la figure des Diademes, que l'on met encore fur les teftes des Images de nos Saints. Aprés l'invention des armoiries, on commença au lieu des noms à mettre les figures du blafon dans ces fortes de ronds. Les Armoiries de France & de Navarre font de cette forte, en une grande Rofe de l'Eglife des Dames Religieufes de Poiffy, fondée par le Roy Philippes le Bel, qui eftant Roy de France & de Navarre, portoit les Armoiries de ces deux Royaumes.

Les Armoiries de l'Empereur, & des Electeurs, fe trouvent de cette forme,

en des Monnoyes, ou plûtoft en des
Medailles, qui ont d'un cofté leurs
Portraits, & de l'autre des Ecuffons
ronds.

C'eft de cette ancienne pratique qu'u-
ne branche de la maifon de Cornare à
Venife, & les maifons des *Salvaghi*,
des *Croce*, des *Caftagna*, des *Bazorra*,
des *Campanara*, des *Maruffi*, des *Roc-*
ca, des *Monteroffo*, des *Pieve*, & des
Vedereto, à Gennes, ont retenu des
écus ronds dans d'autres écuffons en
leurs Armoiries.

C'eft de la mefme origine qu'eft venu
l'ufage de mettre les marques d'honneur fur les écuffons, parce que dans
les Genealogies on mettoit d'ordinaire
fur les ronds dans lefquels les noms
eftoient écrits, la Thiare pour les Papes,
les Chappeaux pour les Cardinaux, des
Croix pour les Archevefques, des Mitres ou des Croffes pour les Evefques,
& des Couronnes pour les Princes,
comme on peut voir dans les Tables
Genealogiques de Henninges, de *Sci-*
pion Ammirato, & de quantité d'autres, & comme infenfiblement au lieu
des noms on vint à mettre les Armoiries

dans ces ronds, elles se trouverent pla-
cées sous ces marques des Dignitez,
qu'on leur a donné depuis. Les Armoiries de Clement VII. & celles du Roy
René, sont de cette sorte aux Celestins
d'Avignon.

On en voit aussi quelques-uns dans les
Eglises d'Allemagne, comme à Ratisbonne, au Cloistre des Jesuites, qui estoit
anciennement, une Abbaye de filles, sont
de cette maniere les armoiries d'Anne de
Absperg Abbesse de cét ancien Monastere, nommé le Monastere d'en bas.
Nider Münster. Elles sont tiercées en
mantel de gueulles d'argent & d'azur,
avec un cercle autour, où on lit, ANNA
DE ABSPERG ABBATISSA INFE-
RIOR MONAST.

J'ay déja remarqué en la pratique des
Armoiries, que les Chevaliers Teuto-
niques les mettoient de cette maniere
sur des ronds avec leurs noms autour,
en la Commanderie de Juncet à Mae-
strick, dont je donne icy l'exemple
de Guillaume de Nevhoët receu profez
dans cét Ordre le 23. Novembre 1627.
comme on lit autour des bords de ce
Rond *H. Vvillelmus Von Nevhoet*

Teutfch ordens Ritter Profeſſus 23.
Nov. 1627.

Dans les monnoyes, on a mis quelquefois l'écu ſimple d'un coſté, & le caſque, ou la couronne de l'autre, comme
on peut voir en celle-cy de Cologne.

C'eſt particulierement dans les Egliſes
que ſe trouvent les écuſſons ronds,
eſtant une coûtume ancienne d'attacher
dans les Temples & dans les Egliſes, des
boucliers de cette ſorte, dans leſquels
on repreſentoit les Images des anciennes divinitez de la fable, comme du depuis on y a mis celles des Saints. C'e-
ſtoient les *Clypei* des anciens, qui étoient
de figure ronde, comme on apprend de
ce vers de Virgile au 2. de l'Eneide.

Clypeique ſub orbe teguntur.

Appius Claudius, fit mettre dans un
Temple, toutes les Images de ſa famille, dans des boucliers de cette forme,
& nous apprenons de Pline & de Ta-
cite, que l'on conſacroit de cette ſorte des Images aux grands Hommes dans
les Temples, d'où eſt venu l'uſage des
Medailles, qui n'avoient anciennement
qu'une face pour difference d'avec les
Monnoyes.

Durant deux ou trois siecles, on a eu l'usage de mettre des guirlandes de fleurs, de füeilles & de fruits autour des écussons d'armoiries. J'ay donné dans la *Pratique* la figure de celles du Pape Martin V. comme elles sont sur son Tombeau dans l'Eglise de Saint Jean de Latran.

J'ay vû en de vieilles Vitres à Pontoise, dans la sale de la maison des Jesuites, les armoiries de Marie de Pisseleu, Abbesse de Maubuisson, avec la crosse derriere la guirlande, dont elle sort au dessus & au dessous. Celles de Charlote de Pisseleu parties avec celles de François de Bretagne, Comte de Vertus, Baron d'Avaugour son mary, une couronne d'or à petits treffles surl'écu entre la guirlande. Celles du Pere de Marie de Pisseleu, écartelées de celles de *Heilly*, qui sont de gueulles à la bande de quatre lozanges d'or. Il écarteloit de cette maison à cause de sa mere Marie de Hargicourt, heritiere de la maison de *Heilly*, mariée à Jean de Pisseleu, grand Pannetier de France. Il n'y a que la guirlande autour de l'écu, sans autre ornement. Les armes de Pisseleu sont d'argent à trois lions de gueulles.

La plus-part des Manuscripts en Velin
de 2. ou 3. siecles, ont des Armoiries de
cette sorte aux premieres pages, en des
vignettes en haut, & en bas, & quelquefois aux marges. J'en ay vû de 1470.
où sont les Armoiries d'un Julien Strozzi, avec cette souscription. *Di Giulanno,
di Nicholo, di Iachopo de gli Stroci,*
c'est à dire de Julien fils de Nicolas, &
petit fils de Jacques Strozzi.

Celles de Maillé Parthenay, d'argent
au sautoir de sable écartelées de Chante-
merle d'or à deux fasces de gueulles, &
neuf merlettes de mesme, 4. 2. 3. au
dessous & entre les fasces, sont de mesme dans un vieux manuscript de l'histoire de Troye la Grande, dans la Bibliotheque de feu Monsieur le Chancelier
Pierre Seguier. Où j'ay vû encore de la
mesme sorte, celles de Ferdinand Roy
de Naples, dans un manuscript, d'un
ouvrage du Cardinal Bessarion, écrit &
enluminé par un Joachim des Geants,
Libraire & Miniateur de ce Prince, dont
le Portrait est tiré au naturel en teste de
cét ouvrage, & sa devise d'une Hermine avec le mot *Probanda*, est en plu-

fieurs petits ronds entourez de guirlandes de cette forte, au bout du livre font
ces mots, *Ioachim de Gigantibus Ger-
manicus Roterburga oriundus Ferdi-
nandi Regis Librarius, & miniator
tranquillé tranfcripfit miniavit.*
M. CCCC. LXXVI.

De cét ufage vint celuy d'entourer les
armoiries des colliers de Saint Michel &
de la Toifon mis en rond, comme on
peut voir en divers endroits, & particulierement en la Sacriftie de l'Eglife de
Saint André des Arcs, qui eftoit anciennement la Chappelle de Nevers, où
l'on voit aux vitres les armoiries d'Engilbert de Cleves Comte de Nevers, d'Eu
& de Rethel, fils puifné de Jean, premier Duc de Cleves, & d'Elizabeth de
Bourgogne fa femme, environnées du
Collier de Saint Michel, en forme de
Guirlande.

Celles de Charlotte de Bourbon fa
femme, quatriéme fille de Jean, Comte
de Vandofme, font parties avec celles
de fon Mary, & environnées de mefme
du Collier de Saint Michel, ce qui eft
extraordinaire, n'ayant jamais efté la
couftume de mettre les Colliers des Or-

dres, aux Armoiries des femmes, quoy qu'on ait fait par erreur la mesme chose, pour celles de Christine de France, Duchesse de Savoye, en divers endroits de Chambery, & de Turin.

Cét Engilbert de Cleves, fut Capitaine general des Suisses à la journée de Fournoüe, l'histoire de son temps le nomme preux & vaillant, il est representé à cheval, avec sa cotte-d'armes, remplie de ses armoiries, & la housse de son cheval, de mesme sur la porte de cette Chappelle, que l'on a changée en Sacristie.

Les armoiries de Charles-Quint, & de Ferdinand son frere, se voyent en quelques endroits avec le Collier de la Toison, mis en rond tout autour.

Autrefois en Espagne, il falloit une concession expresse, pour pouvoir mettre ces guirlandes, qu'ils nomment *Coroneles*, & *Orlas*, autour de ses armoiries, & Marinæus Siculus a remarqué, que Ferdinand & Isabelle defendirent à toute la noblesse d'Espagne, de mettre cét ornement autour de leurs Armoiries, sans une concession expresse. *Ferdinandus & Isabella Catholici Principes sta-*

tuerunt ne quis clypeos coronis , vel aliis regiis ornamentis insignitos , quas res Coroneles & Orlas appellant , haberet , nisi quibus ob aliquam justam causam concessum fuisset. Marinæus l. 2. rerum Hispanicarum.

Cét usage peut estre venu de celuy que l'on a eu de tous temps , de mettre des tours de füeilles , de fleurs & de fruits autour des portraits , & des armoiries , quand on les exposoit en ceremonie aux jours de Festes. Les Italiens en ont la pratique depuis lonp-temps , & il y a des personnes , qui travaillent d'ordinaire à ces decorations , qu'ils nomment *Festaroli* , comme ces ornemens se nomment *Festoni* , parce qu'on s'en sert dans les Festes.

C'est ainsi qu'on a commencé les premiers ornemens des armoiries , qui estoient plûtost des inventions des ouvriers , pour les rendre plus agreables , que des marques de dignité, comme sont les ornemens , dont on les accompagne aujourd'huy. Nous verrons que les Tournois , qui ont esté l'occasion du casque & des lambrequins , l'ont esté aussi des supports , des manteaux , des pavillons & des devises.

CHAPITRE VIII.

Des Couronnes.

LES Couronnes font entrées en armoiries de quatre manieres, ou pour en compofer le corps, ou comme figure acceffoire, ou pour couronner le cafque, ou pour eftre mifes fur l'écu, comme marques de fouveraineté, ou de dignité.

Pour le premier ufage, il y a quantité d'exemples.

Le Royaume de Suede porte trois Couronnes pour Armoiries, pour l'union de la Suede, du Danemarch, & de la Noverge en un feul Royaume, comme j'ay déja remarqué au traité de la pratique des Armoiries, pag. 127.

Le Royaume de Murcie en Efpagne, porte de gueulles à fix couronnes 1. 2. 1. 2. avec la bordure de Caftille & de Leon. Ce fut Alphonfe le Sage, qui luy donna cinq de ces couronnes pour Armoiries, & Pierre le Cruel un de fes Succeffeurs, y en ajoûta une fixiéme

avec la bordure de Castille & Leon,
pour reconnoistre les bons services que
ce Royaume luy avoit rendus.

Ce dizain Espagnol les blasonne, &
en rapporte l'origine.

> *De seis coronas compuesta*
> *Murcia su lealdad mantiene*
> *Del Rey sabio cinco tiene*
> *Del Rey Dom Pedro la Sesta*
> *Y su gloria insigne es esta*
> *Que las coronas doradas*
> *En campo roxo assentadas*
> *Para mas dignos blasones*
> *De Castillos y Leones*
> *Estan cenidas y orladas.*

Il y a plusieurs familles qui portent
des couronnes pour Armoiries. La maison d'*Estampes* en a trois en chef. *La*
Cepede en Espagne, & à Marseille party de Sinople & de gueulles à une couronne d'or. *Du Faure* en Dauphiné en
porte trois enfilées d'une cottice. *Ventes*
en la mesme Province en porte une soûtenuë de deux Lions affrontez. *La ville*
de Collogne en porte trois en chef, à
cause des corps des trois Rois qui adore-

rent le Fils de Dieu, qui font reverez
dans fon Eglife Cathedrale.

La ville de Lima capitale du Perou,
en porte auſſi trois, pour eſtre dediée à
ces Saints Rois.

Les couronnes acceſſoires en Armoiries, ſont celles qui n'y ſont que pour
couronner d'autres figures ; comme la
Colomne des Colonna d'Italie, eſt couronnée, & les Lions des *Brouvilly* Marquis de Pienes. Des *Chabanes* Marquis
de Curton. Des *Chambes* Monſoreau.
Des Ducs de Bournonville, & quantité
d'autres ſemblables ſont couronnez.

Une branche des Grolées, a briſé autrefois d'une couronne au centre des
partitions de ſon écu.

L'uſage de couronner le Cimier, eſt
preſqu'auſſi ancien que les Armoiries,
particulierement aux Tournois, ce qui
fait que les Allemans chez qui l'uſage
des Tournois eſt ancien, ont pluſieurs
caſques couronnez de cette ſorte, ſans
aucune dignité ou titre, qui demande
cette marque. Dans le cercle de Suaube.
V. Habſperg. V. Vvernavv. Die Hoff-
vvart. V. Nippenburg. Die Bodmaner.
Schenck. V. Vvinterſteten. V. Ratzen-
riedt.

les actions ; & puis il eut ordre d'aller à Leucate traiter & achever la Paix avec les Ambaſſadeurs de l'Empereur. Enfin , comme ſes ſervices eſtoient infinis , le Roy le voulut auſſi combler d'honneur , & n'eſtimant pas le pouvoir mieux reconnoiſtre , qu'en luy donnant l'Office de Conneſtable de France , qui eſtoit vacquante depuis la retraite de Charles de Bourbon ; il lui en donna l'Epée ſolemnnellement , en preſence de tous les Princes , au Chaſteau de Moulins , le 10. jour de Février 1537.

Les ceremonies qui accompagnerent cette creation , furent tres - magnifiques & tres-glorieuſes ; les Herauts d'armes crians pluſieurs fois par commandement du Roy , *Vive Anne de Montmorency Conneſtable de France.* Pluſieurs de ſes predeceſſeurs avoient eſté reveſtus de cette même dignité , mais il faut avoüer que celuy-cy l'exerça avec autant de reputation qu'aucun autre. En cette qualité il accompagna le Roy à Nice , où ſa Majeſté s'alla aboucher avec l'Empereur & le Pape Paul III. pour tâcher de faire la paix , qui n'aboutit qu'à une tréve de dix ans , que noſtre Conneſtable ſigna avec le Cardinal de Lorraine le 18. de Juin 1539. Enſuite dequoy l'Empereur paſſant par la France pour s'en aller au Païs-bas , le Conneſtable de Montmorency porta l'épée de

magne, des Baux, des Pignatelles, des
Piscicelli, des Caldores, &c.

Filadelfe Mugnos, les donne aussi
aux Arbea, aux Balsano, aux Barresi,
aux Becchets, aux Beccadelli, aux Bo-
nanni, aux Bonfigli, aux Bosco, aux
Caëtani, aux Campoli, aux Cicala,
&c. de Sicile.

Ces couronnes sont ou à pointes, comme les anciennes couronnes Rayonnées,
qu'ont les Empereurs dans leurs medailles, dont les douze pointes representoient
les douze mois de l'année, que le Soleil
met à faire son cours : ou à fleurons de
ache ou de persil : Quelques-unes sont à
Fleur-de-lys. Mais je n'en ay jamais vû
de plus singuliere, qu'une qui est à
Chalon sur la porte de l'Hostel de Senecey. C'est une couronne de Vairs par
rapport aux armoiries de *Beaufremont*,
qui sont vairées d'or & de gueulles.

De la plus part de ces couronnes po-
sées sur les casques, sortent les cimiers,
de demy lions, de demy licornes, de
demy aigles, &c.

Les Comtes d'*Ortenbourg* en Allemagne, ont trois casques sur leurs Armoiries. Tous trois sont couronnez. De la

se trouva en personne. Et comme les affaires appelloient les armes Françoises en
Italie, noſtre Conneſtable rétablit la diſci-
pline militaire, en ſorte que la Romaine
ne fut jamais ſi reformée. Et parce que le
Roy Henry II. le voulut auſſi bien recom-
penſer que le Roy ſon pere avoit fait, il é-
rigea la Baronnie de Montmorency en Duché 1551. aprés quoi il mit dans l'obeïſ-
ſance du Roy les villes de Toul & de Mets.

Enfin aprés pluſieurs victoires, le Ciel
voulant mêler un peu d'amertume à tant
de douces proſperitez, il fut pris priſonnier à la bataille de ſaint Quentin, aprés
y avoir eſté griévement bleſſé en combattant vaillamment. D'où enfin eſtant ſorty,
le Roy Henry mourut, & peu de choſes
ſe paſſerent durant le regne de François II.
tellement que Charles IX. eſtant venu à
la Couronne, il rendit à ſa Majeſté de tres-
grands ſervices dans les confuſions civiles
& combattant avec un courage & une vi-
gueur ſans pareille dans la bataille de
Dreux, il y fut pris priſonnier, couvert de
pluſieurs bleſſures honorables: ce qui émut
tellement le courage du Seigneur de Damp-
ville ſon fils, qui répara ſa priſe par celle
du Prince de Condé. Quelques années
aprés la France eſtant plus avant plongée
que jamais dans les confuſions civiles pour
le fait de la Religion, ce genereux & vail-

mais il y en a un qui n'eſt pas couronné.

Les Souverains la portent auſſi ſur le
caſque, & il y en a pluſieurs exemples.
Il eſt plus rare de voir leurs écus couronnez devant deux cens ans. Au contraire ils ſont la plus part ſimples. Et il y
a des Souverains dont on ne ſçauroit
trouver des exemples de leurs Armoiries
couronnées, comme les anciens Dauphins de Viennois, les Ducs de Milan,
les Comtes de Champagne, & de Flandres. L'uſage des couronnes n'eſtant pas
introduit de leurs temps pour les Armoiries.

C'eſt ce qui me fait tenir pour ſuſ-
pecte l'antiquité des Armoiries qui ſont
ſur l'Arc de l'Egliſe de Baëça en Eſpagne. Parce que celles du Roy D. Fernand y ſont couronnées. Ce qui n'eſtoit
pas en uſage du temps qu'il vivoit.
Je crois que c'eſt un ouvrage fait ou renouvellé environ l'an 1400. ſous Dom
Rodrigue Fernand de Naruaës Eveſque
de Jaën, dont les Armoiries ſont au bas
de cét Arc.

Il y a aujourd'huy en Armoiries deux
ſortes de couronnes.

LES DEVISES HEROIQUES
d'Anne de Montmorency, Connestable de France.

UN Oranger chargé de fleurs & de fruits.

Nil mihi tollit hyems. L'hyver ne m'oste rien.

L'Oranger conserve ses fleurs & ses fruits, malgré les rigueurs de l'Hyver.

Anne de Montmorency s'est toûjours montré ferme & vigoureux, nonobstant le nombre de ses années.

Un Canon *Obsessas protegit urbes.* Il deffend les Villes assiegées

Les meilleures bouches que les Villes assiegées puissent employer à leur defense, sont celles des Canons.

Le Connestable de Montmorency par son éloquence animoit le courage des Habitans & des Garnisons des Villes où il se trouvoit assiegé ; & par sa valeur il leur servoit d'éguillon & d'exemple pour les exciter à repouser vivement les attaques qu'on leur faisoit.

Un bras armé tenant une épée. *Sans errer ny varier.*

Seconde devise de la maison de Montmorency.

fleur pleine de pierres precieuses : en si-
gnifiant que sa couronne surmonte toutes
les autres. Car entre celles des autres
Roys elle est seule couverte par dessus.

2. Celle des Rois de France est d'un
cercle de Fleur-de-Lys , & de six ceintres qui se ferment , & qui portent en
haut une autre Fleur-de-Lys.

3. Celle des Rois d'Angleterre est aussi
fermée de ceintres, qui portent un globe
ceintré & croisé , & sur les pieds des
ceintres sont alternativement des croix
pattées & des fleur-de-lys.

4. Celle des Ducs de Savoye Rois de
Chypre est fermée de ceintres, & de fleurons ordinaires sur le cercle , & la croix
trefflée de Saint Maurice , sur le bouton
d'enhaut.

5. Celles des Rois d'Espagne, de Portugal, de Danemarc, de Suede, sont
fermées de ceintres avec des fleurons,
& sommées du globe croisé.

6. La couronne du grand Duc de
Toscane est ouverte à pointes meslées
de grands treffles sur d'autres pointes,
avec la fleur-de-lys de Florence sur le
devant.

Le B. Pie V. Pape, donna cette

ncy,

do

e leu

quand

Aure

il pro

rifice

imes

la b

nse d

12. La couronne des Barons, eft une
efpece de bonnet avec des tours de perles en bande fur le cercle.

13. Les Flamans & les Efpagnols, ont
une efpece de bonnet differente de celle-
là.

Outre les couronnes il y a divers bon-
nets qui font en ufage en Armoiries.

14. Les anciens Prefets de Rome,
mettoient fur leurs Armoiries une efpece
de bonnet à écailles, comme on voit à
Viterbe, *à Santa Maria de Gradi*,
fur les Armoiries de Pierre de Vico.

15. Zazzera, dit que les Tyrans d'I-
talie mettoient auffi fur leurs Armoiries
une efpece de bonnet fourré de vair,
dont il donne la figure fur les Armoiries,
d'Azon de Caftello. *Veggonfi di quefto
Azzo*, dit-il, *alcune patenti firmate
col fuo figillo del Caftello foprà del quale
un Berrettone all' antica come ufaron
molti Tiranni diquel fecolo.*

16. Scipion Ammirato a auffi reprefenté en fes Genealogies des familles de
Florence, un bonnet des Confalonniers de Florence, qui eft à peu prés de
la forme de la Thiare Papale, à la refer-
ve des trois couronnes.

17. Les

LA VIE ET LES

Actions heroïques de FRAN-
çOIS DE LORRAINE,
Duc de Guise, Lieutenant General du Royaume & des Armées Royales de France.

Sous le Regnes de François I. de Henry II.
de François II. & de Charles IX.

QUoy que les branches de la Royale
Maison de Lorraine ayent estendu
leurs triomphans Rameaux jusques au bout
du monde, & qu'il en soit sorty des Princes illustres qui ont conquis par leur valeur des Diadêmes & des Couronnes, je
n'en trouve point qui ait élevé sa renom-
mée plus haut que François de Lorraine
Duc de Guise, & dont la vertu ait paru
avec plus d'éclat sur le theatre de l'honneur
par une suite infinie de glorieuses actions
qui ont rendu son nom sacré & immortel
dans la memoire des hommes : Dieu s'é-
tant servy de son bras victorieux pour re-
lever le Crucifix, pour proteger la foy, &

que ces Villes ſe nomment dans leurs
titres Villes Couronnées. *La Coronada
Ciudad de Madrid*, ce fut Charles V.
qui luy donna ce titre, & ce privilege de
mettre la couronne à füeilles de perſil
ſur ſes Armoiries l'an 1544.

La ville d'Amſterdam met ſur ſes Armoiries le Diademe Imperial, par con-
conceſſion de l'Empereur Maximilien
I I.

Les couronnes des Dignitez, ne ſont
pas les meſmes en tous les pays. En Allemagne celles qui ſont ſur les Tymbres,
ſont toutes de füeilles de perſil, de quelque condition que ſoient ceux qui les
portent.

En Italie il y a beaucoup d'anciennes
familles qui la portent à pointes, comme
elle eſt dans les medailles de pluſieurs
Empereurs. C'eſt la couronne du Soleil,
auſſi les anciens luy donnoient douze
pointes ou douze rayons, pour marquer
les douze mois de l'année. Il y en a
d'autres de pointes émouſſées, quelques
autres à fleurons de diverſes manieres.

En Eſpagne elles ſont auſſi aſſez in-
differentes, neantmoins pour l'ordinai

prenant qu'ils remportoient ordinairement l'avantage aux occasions où ils alloient escarmoucher les ennemis.

Il se trouva à la prise de Landrecy l'an 1543. & puis à celle du Chasteau d'Emery sur la Sambre, de Barlemont & de Maubeuse, & harsela les garnisons d'Avesnes par des frequens partis où il eut toujours de l'avantage. Il secourut Boulongne, & y fit une si glorieuse retraite, que les plus vieux Capitaines furent ravis de son courage & de sa sagesse tout ensemble. Il portoit en ce temps le nom de Duc d'Aumale, lequel il garda jusques à la mort du Roy François premier qui arriva l'an 1547. Et comme les Provinces de Guyenne, de Xaintonge & d'Angoulmois, se furent soulevées contre les exacteurs des Gabelles, le Roy Henry second envoya le Duc d'Aumale, que desormais nous nommerons Duc de Guise, en Xaintonge & Angoumois, où il pacifia toutes choses avec douceur, voulant acquerir la reputation de Prince clement & genereux ; mais le Connestable n'en fit pas de même, car il fit punir d'horribles supplices ceux qui furent trouvez coupables en Guyenne, où le Roy lui avoit commandé d'aller pour pacifier & arréter la sedition.

Le Duc de Guise accompagna le Roy au siege & prise de la Ville de Mets, qui avoit esté usurpée par les Empereurs sur cette nobles Venitiens, il n'y a de toutes les maisons aggregées que celle de France, à laquelle ils ont mis une petite couronne, & ses Armoiries sous le nom de *Bourbon.*

A Gennes, les vingt-huit familles principales ausquelles toutes les autres se sont unies, mettent la couronne Ducale sur leurs Armoiries.

A Rome, aucun Cardinal, quoy que Prince, ne met la couronne sur ses Amoiries.

En France, tous les Prelats qui ont titre de Ducs, Princes, ou Comtes, mettent la couronne sur leurs Armoiries.

Les trois Pairs Ecclesiastiques Ducs, Rheims, Langres, & Laon, mettent la couronne Ducale. Les trois Comtes Pairs, Noyon, Chaalons, & Beauvais, celle de Comte.

Les Archevesques d'Ambrun, d'Arles, & de Tarentaise, & les Evesques de Grenoble, de Genéve, & de Viviers, prennent titre de Princes, & portent la couronne Ducale.

Les Archevesques de Lion, de Vienne, &c. & les Evesqnes de Valence, Die,

Gap, Châlon, le Puy, Aleth, Lizieux, Mande, Dol, Cahors, &c. qui ont ti-tre de Comté, portent la couronne des Comtes.

L'Archevefque de Roüen met deux couronnes fur fes Armoiries, l'une de Duc à droite de la croix, & l'autre de Comte à gauche. Monfeigneur Fran-çois de Harlay, à prefent Archevefque de Paris, eftant Archevefque de Roüen, les portoit ainfi avec ces deux mots pour devife, *Deo Medio.*

On ne trouvera pas avant cent ans, qu'aucun Prelat en France, ait mis la couronne fur fes Armoiries, non pas mefme les Princes.

Les Chanoines de l'Eglife Cathedrale de Lion, & de Saint Julien de Brioude, ont titre de Comtes, & en portent la couronne fur leurs Armoiries.

L'équivoque des perles de Compte, c'eft à dire de celles qui font affez grof-fes, pour eftre venduës par compte, & non pas au poids comme les petites, eft caufe qu'on en a fait la couronne des Comtes.

Les Princes du fang de France, por-tent à prefent des couronnes de Fleur-de-Lys, feu Monſieur le Prince eſt le premier qui l'ait portée purement de Fleur-de-Lys, ayant eſté declaré premier Prince du ſang de France, aprés Monſieur Frere du feu Roy.

Charles VIII. eſt le premier de nos Rois, qui ait porté la couronne fermée, ayant pris la qualité d'Empereur d'Orient, comme on voit en quelques medailles où il eſt repreſenté à cheval avec la couronne fermée en teſte, & cette legende. *Carolo Imp. Orientis Victori ſemper Auguſto.* Sous l'Exergue il y a d'un coſté *Parthen* pour *Parthenope*, qui eſt Naples, & ſous l'autre Exergue de l'autre coſté la datte de l'année. MCCCCXCV.

François I. a la couronne fermée ſur ſes Armoiries, en quelques endroits, particulierement au ſceau du Concordat paſſé avec Leon X. Il y a pluſieurs de ſes monnoyes, & pluſieurs autres monumens où il n'a que la couronne ouverte.

Henry II. eſt celuy qui a pris plus conſtamment la couronne fermée, que tous ſes ſucceſſeurs ont retenuë.

Philippe II. Roy d'Eſpagne, l'a ouverte ſur les Reales, qui furent forgées de ſon temps, & elle eſt fermée ſur les

Ducats, qui furent forgez de son temps en Flandres, ce qui fait voir que c'est luy qui en a introduit l'usage pour les Rois d'Espagne.

Le Roy de Hongrie l'a portoit ouverte, en ses monnoyes de 1566.

Elle est ouverte aux monnoyes de Portugal, de Jean III. & de Sebastien.

Aux Jacobus d'Angleterre, & d'Ecosse de l'an 1601. elle est fermée. Auparavant elle estoit ouverte aux Nobles Henris, & aux Nobles à la Rose.

Elle est ouverte aux testons de Navarre, du Roy Antoine de 1561.

Apresent tous les Rois la portent fermée, & c'est ce qui les distingue de tous les autres Souverains.

Henry III. Roy de France & de Pologne, qui accolloit les deux écus de ces Royaumes, mettoit une couronne fermée sur chacun, & une grande couronne sur ces deux qui les enfermoit, avec ces mots de sa devise, sur le cercle de la couronne, *Manet altera cælo.*

On voit en l'Eglise de Saint Denis, l'Effigie de Marie d'Espagne, femme de Charles de France, Duc de Valois, couronnée d'une couronne murale ou crene-

R iiij

lée, pour marquer son origine de la maison de Castille.

Sur les Tombeaux des Admiraux de Hollande, j'ay remarqué des couronnes *Rostrales*, c'est à dire de prouës de Vaisseaux, pour marquer leur dignité.

Monsieur Du Cange a fait une curieuse dissertation des couronnes en ses remarques sur l'histoire de Joinville.

CHAPITRE IX.

Des Supports & Tenans.

NOus trouvons d'ancien usage trois sortes de tenans ou supports des Armoiries. Des arbres ou des troncs d'arbres, ausquels les écussons sont attachez avec des courroyes & des boucles. Celles de Theodore du Terrail, oncle du Chevalier Bayard, sont de cette maniere sur la porte d'une maison à l'entrée de l'Abbaye d'Aisnay à Lion. J'ay vû celles de la ville de Harlem en Hollande, attachées à un arbre sec en divers endroits dans son Hostel-de-Ville. Dans l'Eglise du Château de Baeça en Espagne, celles de Dom Rubio Sacedo, sont attachées de mesme à un arbre.

Et j'en ay remarqué en plusieurs autres endroits, particulierement dans les anciens Chasteaux, sur les portes & sur les cheminées.

La seconde maniere de Tenans est le Chevalier luy-mesme qui a son écu attaché au col, comme on voit sur plusieurs Tombeaux.

Dans l'Eglise de l'Abbaye de Maubuisson prés Pontoise, devant l'Autel Saint Michel, est le Tombeau de Clarembaud de Vendel, sur lequel il est representé vestu d'une cotte de mailles avec son écusson sur le milieu du corps, émanché en chef de quatre pieces.

Quelques autres l'ont en bande & de travers, quelques autres s'appuyent dessus d'une main, comme on pourra remarquer en la plus part des anciennes Abbayes. En plusieurs endroits il est tellement disposé, que l'épée du Chevalier paroît comme mise en bande derriere.

Les Princes mesmes ont esté representez de cette sorte. Philippe de Valois est ainsi representé dans les deniers d'or, qui furent faits de son temps, assis sur une chaise, tenant son épée haute de la main droite, & de la gauche s'appuyant sur l'écu de ses Armoiries, d'où ces sortes de monnoyes commencerent à se nommer écus d'or, à cause de cét écusson, nom qui a passé depuis aux autres monnoyes d'or & d'argent, parce qu'on y mettoit aux revers les écussons des Armoiries des Souverains & des Princes, qui les faisoient forger. Ce fut le 1. de Février de l'an 1336. que ces écus d'or commencerent à estre forgez. Ils pesoient treize grains, & valoient vingt sols.

Dans les Nobles à la Rose, & les Nobles Henrys d'Angleterre, le Prince est figuré dans un vaisseau, dont il sort à demy corps, tenant en sa droite une épée haute, & en sa gauche un écu écartelé de France & d'Angleterre, & dans les Angelots l'écu est attaché a une croix, qui sert de mast à ce Vaisseau.

Dans la plus-part des anciens sceaux, les Chevaliers sont representez à cheval avec une banderole, ou l'épée à la main droite, & à la gauche l'écu de leurs Armoiries.

A Aix en Provence dans l'Eglise Cathedrale de Saint Sauveur, eſt le Tombeau de Charles III. d'Anjou, dernier Comte de Provence de cette Race. Il eſt repreſenté avec ſa cotte-d'armes, tenant l'écu de ſes Armoiries, comme s'il le preſentoit à quelqu'un.

La troiſiéme maniere eſt celle où les animaux, les Mores, les Sauvages, les Syrenes, & les Dieux des fables tiennent les Armoiries. Et c'eſt des Tournois qu'eſt venu cét uſage, parce que les Chevaliers y faiſoient porter leurs lances, & leurs écus, par des pages, & des valets-de-pieds, déguiſez en ours, en lions, en mores & en ſauvages, comme on peut voir dans les anciens Romans, & dans les memoires d'Olivier de la Marche.

Les *Tenans* de ces Tournois eſtoient obligez pour ouvrir les pas d'armes, de faire attacher des écus pendans à des arbres ou à des pilliers ſur les grands chemins, ou en certains lieux aſſignez, afin que ceux qui voudroient combattre contre eux allaſſent toucher ces écus. Ils y mettoient d'ordinaire des nains, des geants, des ſauvages, des ſarraſins, des

monſtres ou des hommes déguiſez en
animaux, pour garder ces écus, avec un
ou pluſieurs Herauts-d'armes, pour
prendre les noms de ceux qui vien-
droient y toucher pour le combat. C'eſt
de là que l'on a donné le nom de *Tenans*
à ces ſupports.

Dans la füeille des Armoiries de la
Comté de Flandres, il y a quatre ours
en pied, qui portent d'une patte les bannieres de Pamele, Ciſoing, Heyne, &
Boëlare, & de l'autre les caſques avec
les cimiers de ces quatre Seigneurs, de
la maniere dont on les portoit dans les
Tournois.

L'an 1346. le 1. jour du mois de May,
Amedée VI. de Savoye fit à Chambery
un Tournoy celebre, où ayant parû
veſtu de verd avec tous ceux de ſa quadrille, ſes Pages, & ſes Ecuyers, il fut
depuis nommé le Comte Verd. Paradin
dit de luy en ſes Chroniques de Savoye,
qu'il eſtoit beau & tres gracieux, ado-
leſcent, aimant dés ſon enfance le deduit
des armes, eſquelles ordinairement il
s'exerçoit en lices, tournois, jouſtes,
combats à pied & à cheval, & pour avoir
un premier jour de May emporté l'hon-

neur de Chevalerie en un Tournoy gene-
ral, estant armé, vestu ses gens, ses pa-
ges, tous de Zendal verd, ses chevaux
aussi bardez, caparaçonnez, & empenna-
chez de verd, print si grand plaisir à cette
couleur verd, qu'il s'en vestoit ordinai-
rement à cette cause, fut surnommé le
Comte verd. Ce Tournoy fut fait en la
ville de Chambery, c'est à dire dans une
grande place hors les murs qu'on nomme encore aujourd'huy le Vernay. *Au-*
quel Tournoy entre les Tenans, eut
l'honneur, le jeune Comte Amé susdit.
Entre les Assaillans, eurent le prix, le
Comte Pierre de Arbecq. Il faut lire de
Hocberg. *Et Thibaud Seigneur de*
Neufchastel en Bourgogne, ausquels
furent donnez gros anneaux d'or par les
Dames qui delivroyent le prix & salaire
d'honneur.

Ce fut en cette occasion que ce Prince
ayant fait attacher son écu à un arbre, le
fit garder par deux Grands Lions, qui
ont esté du depuis les supports ou tenans
des Armoiries de Savoye, & il le fit
apparemment, parce que le Chablais &
la Duché d'Aouste, deux de ses principales Terres avoient des Lions pour
Armoiries.

Les Armoiries, Tymbres, Cimiers,
& Devises des Chevaliers, qui se trouverent en ce Tournoy, ont esté durant
trois siecles dans la grande Eglise des
PP. Conventuels de S. François à Chambery, mais il y a quelques années que
ces bons Peres, en faisant blanchir leur
Eglise, en osterent ce monument, qui
estoit des plus illustres, pour la gloire de
ce Prince, & de ceux qui s'y trouverent
avec luy. Nous aurions perdu cette antiquité si glorieuse à tant de maisons
de Savoye, si la curiosité du Pere
Matthieu Compaing Jesuite, à qui
le blason est obligé de beaucoup de
recherches qu'il a faites, & qu'il a com-
muniquées aux sçavans, n'avoit preve-
nu le debris entier de ce monument, en
le copiant quelques années auparavant.
En voicy l'ordre, tel que je l'ay receu
de luy.

Au premier rang estoit l'écu du Prince, de gueulles, à la croix d'argent.
Cimier un meuffle de Lion, entre deux
grandes aisles élevées.

Au second rang, la premiere Armoirie ne s'est pû démesler, l'écu estant tout
biffé.

La feconde eftoit d'azur au chevron de gueulles, accompagné de trois Lionçeaux d'or, deux en chef affrontez, & un en pointe. Cimier une tefte de chevre de fable affrontée, accornée, & accollée d'une couronne Ducale ; c'eftoient là les deux juges des coups de lances. Auffi n'ont-ils point de devifes, non plus que le Tenant principal.

Au troifiéme rang, la premiere Armoirie eftoit d'argent à la croix anchrée de fable. Cimier un Croiffant d'argent. Devife. *C'eft à mon tort.* Le nom du Chevalier eftoit écrit au deffus, *Chales.*

La feconde d'argent à trois Paux de gueullés. Cimier une cuve d'argent, aux cercles & jointures de fable, au deffus un cocq d'argent crefté, barbé, & membré de gueulles, le refte de fable. Devife. *Là où je puis.* Le nom fembloit eftre *Efdor*, nom qui ne m'eft pas connu.

La troifiéme de gueulles, a une étoile d'argent chappé d'azur, doublé d'or, le bourlet d'argent & de gueulles. Cimier une tefte de chien d'argent. Devife. *Toûjours à Temps.* Le nom V. *Malet*, & pour feconde devife au def-

fous, *Vert & Sec*, qui faifoit allufion
aux couleurs de la quadrille, & à l'humeur du Chevalier. Cette maifon eft
fonduë dans celle de Monfieur le Marquis de Saint Maurice, Ambaffadeur
pour le Duc de Savoye auprés de fa Majefté.

La quatriéme d'or à un ours de fable
armé, & lampaffé de gueulles, qui eft
d'Orly. Cimier, un ours femblable à
celuy de l'Armoirie. Devife. *Tout par
Fortune*.

La cinquiéme de gueulles, femé de
Fleur-de-lys d'or à la cottice d'azur, qui
eft de Candie. Devife. *Tout à Rebours*.
Cimier, un chappeau Ducal d'or, fommé d'une tefte d'Efpervier de fable lan-
guéee d'or, & à chaque cofté du Tymbre un écrevice verfé, & fur leurs teftes
& ferres, ces trois lettres G. R. C. La
Devife tout à rebours s'applique à ces
écrevices.

La fixiéme d'argent au chef coufu d'or
chargé de trois étoiles de gueulles, au
bord engreflé de mefme. Cimier une
tefte de chien de gueulles en pourfil.
Devife. *Si N'eftoit*, le nom, *Sonnas*.

La feptiéme de Candie, comme cy-
devant

devant à la reservé des écrevices. Devise. *Quoy?*

La huitiéme d'azur, semé de Fleur-de-
Lys, d'argent à la bande d'or, sur le
tout chargée de trois lionceaux de
gueulles, qui est de Chabod Lescherens
ne. Cimier un levrier naissant, d'argent
accollé de sable, lampassé de gueulles,
Devise. *Tout à Temps.*

La neuviéme de synople à la croix
anchrée d'argent percée en cœur, en lozange. Cimier une teste de More en
pourfil allumée, tortillée & dantée d'argent. Devise. *Plus ne Seray*, le nom
Hiene.

La dixiéme d'argent au lyon de gueulles, écartelé d'argent à trois Merlettes
de sable, au chef de sinople au lambel
de trois pieces de gueulles brochant sur
le tout. Cimier un lion d'or lampassé de
gueulles. Devise. *Ie m'en perçoy*, le nom
Bressieu.

L'onziéme de gueulles au lion d'argent, brisé d'un baston de sinople. Cimier un chien d'or lampassé de gueulles.
Devise. *Sans Departir*, le nom, Bona-
trait.

La douziéme, de sable au cerf d'argent

lampaſſé de gueulles , onglé & ſommé
d'or de quatre cors. Cimier un Tigre af-
fronté d'or moucheté de ſable , lampaſſé
de gueulles. Deviſe. *Tant qui ſuffit*, le
nom Veige ou Veiſſi.

La treiziéme d'or à une teſte de Bouc,
affrontée de ſable , eſtoit des *Capris* de
Piedmont.

La quatorziéme d'argent à trois lionceaux de ſable armez & couronnez d'or
lampaſſez de gueulles, écartelé de gueulles, ſemé de FleurdeLys dor. Sur le tout
d'argent à la croix de ſable, cimier un
levrier d'argent accollé de gueulles, bordé & bouclé d'or , cloüé d'argent. Deviſe. *Bonne ou Nulle* , le nom Valevoir.

La quinziéme de ſinople à la bande
d'or frettée de gueulles. Qui eſt laForeſt.
Cimier un Aigle de ſable. Deviſe. *Tout
à Travers.*

La ſeiziéme bandé de gueulles, & d'or
de ſix pieces , qui eſt Miolans , le cimier
eſtoit effacé, la Deviſe, *Force m'eſt,*
ce chiffre aux coſtez A.

La dix-ſeptiéme d'or à la bande vivrée
d'azur, qui eſt la Baume Montrevel,
cimier un dragon d'argent lampaſſé de
gueulles avec ces chiffres H. D. H. D.

La dix-huitiéme coupé d'or & de gueulles au lion, de l'un en l'autre, cimier un aigle d'or. Devise, *I'en suis*; le nom Gramont.

La dix-neuviéme Malet, comme cy-devant. Devise, *Hastez-vous d'entendre.*

La vingtiéme Chabod, Lescherenne, comme cy-dessus. Devise. *C'est à Tard.*

En ces Tournois on introduisoit quelquefois de veritables animaux, comme fit Amedée VIII. de Savoye, l'an 1421. à l'occasion de la reception de Philippe le Bon Duc de Bourgogne, qui l'alla visiter à Tonon, petite ville située sur le bord du lac de Genéve. *Estant doncques le Duc Philippes arrivé à Thonon*, dit la Chronique de Paradin. *Il fut receu & traité comme il appartenoit au plus grand Duc de la Chrestienté, & furent mis Ingeniaires en besogne, pour trouver & inventer nouveaux moyens de passe-temps, comme nouvelles façons de Ioustes, & Tournois, étranges sortes de masques & mommeries. D'avantage avoit le Duc Amé, donné ordre d'avoir des Ours enfermez, lesquels il fit combattre avec les grands Dogues que l'Em-*

pereur Sigismond luy avoit donnez à son
retour d'Angleterre : chose furieuse à
voir. Et estoit grand passetemps de voir
que l'ours ne pouvoit mordre les chiens,
parce que le maistre qui les avoit en gouvernement leur avoit frotté les dents de
vitriol, meslé avec certain medicament
si fort adstringent, qu'ils n'avoient aucune puissance de mordre : & d'ailleurs
les chiens se lançoient à la teste des ours,
laquelle ils s'efforçoient de couvrir de
leurs larges pattes se levant tout de bout,
& puis prenant les chiens par le faux du
corps, comme Lutteurs, lesquels ayant
atterrez, s'efforçoient de dechirer en pièces à belles pattes, dont en tuerent quelques-uns, mais enfin furent les ours
vaincus, estant les dogues en plus grand
nombre, furent aussi faits plusieurs spe-
ctacles de joustes, & combats de toutes
manieres d'Armes, où le pas fut ouvert
à tous Chevaliers étranges & autres,
qui se presenterent sur les rangs : mais
parce que par émulation de vertu deux
Chevaliers, l'un de Bourgogne, l'autre
de Savoye, entrerent en querelle, jusques à se defier à outrance, & tout pour
l'amour d'une mignarde Damoiselle de

Madame de Savoye, native de Bourgogne, les Princes leur defendirent la lice.

Aprés la conqueste du Milanois par le Roy Louys XII. Les troupes Françoises estant demeurées en garnison en Lombardie. Le Chevallier Bayard alla visiter à Carignan Madame Blanche de Savoye, dans la Cour de laquelle il avoit esté élevé avec une jeune Damoiselle qu'il avoit beaucoup aimée, & qui depuis avoit esté mariée au Seigneur de Fruzasque l'un des premiers Seigneurs de la Cour de Madame Blanche. Cette Dame de Fruzasque le pria de faire un Tournoy pour le divertissement des Dames, ce qu'il accepta, pourveu qu'elle luy voulut donner un de ses manchons, qu'il attacha à son pourpoint comme la livrée de la joûte. Le Seigneur de Fruzasque qui connoissoit l'honnesteté du Chevalier, voulut estre luy-mesme un des Juges des courses, & le Chevalier Bayard à l'honneur de Madame Blanche, & de la Dame de Fruzasque, prit pour tenans de ses armoiries, & pour la garde du Pas, deux Licornes, qui sont les symboles de la

pureté. Il emporta le prix, lequel il re-
fufa, priant la Dame de Fruzafque de le
vouloir donner à celuy qu'elle jugeroit
qui l'auroit mieux merité, difant que
puifque c'eftoit par le moyen de fon
manchon qu'il l'avoit gagné, il eftoit
jufte qu'elle en difpofat. Le prix eftoit
un beau rubis attaché à ce manchon.
La Dame retint le manchon qu'elle dit
qu'elle garderoit toûjours en memoire
des belles actions du Chevallier, &
donna le rubis à Montdragon, qui aprés
le Chevallier avoit le mieux fait au rapport de tout le monde. Il y a des chofes
fi agreables dans le recit de ce Tournoy
qui eft decrit en la vie du Chevalier
Bayard d'un ftyle fimple & naturel, que
s'il n'eftoit trop long je l'aurois mis icy
tout entier.

Enfin je donne icy les Armoiries des
fept principales & plus anciennes maifons de Bruxelles, comme elles les portoient aux Tournois avec leurs fupports.

La premiere eft *Sleus* de gueules
au Lion d'argent, cimier, un demy
Lion iffant du tymbre couronné, fupports un Sauvage avec fa maffuë levée
& un Lyon.

La feconde *Serhuys* de...... à trois
fleur-de-lys , cimier une fleur-de-lys fur
un haut bonnet , fupports deux fauva-
ges homme & femme.

3. *Steenbecke* de..... à cinq coquilles
en fautoir , cimier un demy-homme
fans bras , fupports deux griffons.

4. *Coydenbergh* de .... à trois tours
de .... cimier une tour : fupports deux
lions.

5. *Serrecloff*. de .... à neuf billettes
4. 3. 2. cimier un demy-homme fans
bras chapperonné , fupports deux filles
les cheveux épars enveloppées de longs
manteaux.

6. *Sibeerts* fafcé emmanché , ou comme difent les autres party emmanché
de dix pieces de ...... cimier un haut
bonnet émanché comme l'écu , fupports
deux Satyres.

7. *Rodenbecke* de ...... à une bande ondée de .... fupports une fille & un
lion.

La ville de Bruxelles eftant fouvent
divifée par les factions du peuple dans
les élections des Efchevins. Jean I I.
Duc de Brabant ordonna qu'à l'avenir
on ne prendroit plus d'Echevins que de

ces sept familles, & de leur alliez un de chacune chaque année. *Ioannes secundus Brabantiæ Princeps abolitis iis quæ in nobilitatis perniciem excogitarunt plebeij, Magistratibusque plebeys depositis Patritios pristino honori restituit, edicto promulgato ut singulis annis octiduo antè natalem Baptistæ ex septem Patritiorum familiis eorum videlicet qui* Sherhuychs, Leones, à Rodebeca, Sherreloff, *e via strata, e frigido Monte,* & Ab Aquis *eorumque qui ad eas pertinent septem scabini deligantur, singuli videlicet, è singulis familiis. Franc. Haræus. Tom.* I. *Annal. Brabant. in Ioan.* 2.

On a fait autrefois ces quatre vers sur ces sept maisons.

Colles Roma suos Iactat septem, ostia Nilus,
    Nilus,
    Astra micant totidem lucidiora polo.
Bruxella est cælum, Nilusque, & Roma
    Brabantis.
    Progenies septem convenienter habet.

Il y a deux autres sortes de supports ou de tenans des Armoiries, qui sont

les

les plus ordinaires, & les plus communs.
Ce sont les corps des devises , & les animaux du Blason. Pour les premiers nous
avons les exemples de trois de nos Rois,
Charles VI. Louis XII. & François I.
qui ayant pour devises, l'un un Cerf
aislé , l'autre un Porc-épy , & le dernier
une Salamandre firent les supports de
leurs armoiries de deux semblables animaux , comme on peut voir en plusieurs
bâtimens & ouvrages publics faits de
leurs temps , & comme depuis Charles
VI. jusqu'à Louis XII. aucun n'avoit eu
des animaux pour devises , Charles VII.
& ses successeurs jusqu'à Louis X I I.
avoient retenu les Cerfs pour supports
comme on voit encore aux armoiries de
Charles VII. qui sont sur la porte de
l'Eglise Cathedrale de Lion. En celles de
Louis XII. sur le reliquaire du chef de
Sainte Marthe à Tarascon, & en celles
de Charles VIII. au Chasteau d'Alençon. Froissart dit de Charles VI. *Il en
chargea deux Cerfs-volans en sa devise
à porter.* Et Juvenal des Ursins dit en
l'Histoire de ce Prince. *Le Roy s'en alla
à Senlis pour chasser , & fut trouvé un
Cerf qui avoit au col une chaisne de*

T

cuivre doré, & defendit qu'on ne le prit
qu'au las sans le tuer, & ainsi fut fait,
& trouva on qu'il avoit au col ladite
chaisne où avoit écrit. CÆSAR HOC
MIHI DONAVIT. *Et des lors le Roy de*
son mouvement porta en devise le Cerf
volant couronné d'or au col, & pat tout
où on mettoit ses armes, y avoit deux
Cerfs tenans ses armes d'un costé &
d'autre. 1380. On les voit ainsi à Tolose en divers endroits, & à Narbonne
sur la porte du Chasteau.

Les supports les plus ordinaires sont
ceux qui se prennent des animaux mesmes des Armoiries comme ceux des
Rois d'Espagne sont des Lions à cause
des Armoiries du Royaume de Leon,
Le Palatin de Baviere a aussi deux lions
pour la mesme raison, parce que les
Armoiries du Palatinat sont un lion.
Les Alberts Ducs de Chaulnes; les
Ducs de Luxembourg, & un nombre
presque infiny d'autres maisons qui ont
des lions en leurs armes en ont aussi
pour supports.

Ceux qui ont des Aigles en Armoiries les ont prises aussi pour supports, comme Coligny, Salvaing, la

Trimoille, &c. On a fait le mesme pour les Chiens, Levriers, Griffons, Cerfs, Ours, Chevres, Boucs, Beliers, &c.

Les supports sont autant rares en Allemagne, Italie, & Espagne, qu'ils sont frequens en France, y ayant peu de familles aujourd'huy qui n'ayent les leurs en ce Royaume.

L'Archiduc Albert faisant des Reglemens pour la Noblesse aux Pays-bas, defendit expressement de mettre des supports aux Armoiries à ceux qui ne seroient pas en possession d'un ancien usage, ou qui n'auroient pas obtenu permission d'en porter. *Vt nemo sibi aut alteri tribuat titulum Baronis, aut majorem, aut secùs insignia sua delatores, aut sustentatores ponat, coronasue indebitè assumptas, nisi hæc sibi per litteras Principum nostrorum probet attributa, seu perditis per bella litteris notoriè possessa, quo casu aliæ dabuntur litteræ actis Heraldorum inscribendæ. Franc. Zypæus I. C. Protonot. Apostolic. Canonic. Officialis, & Archidiaconus Antuerpiensis in notitia Iuris Belgici L. XII. Tit.*

T ij

de dignitatibus & nobilitate.

C'est sans fondement que Philippes Moreau a écrit en son tableau des Armoiries de France, qu'il n'y a que nos Rois, & les Princes de la Maison Royale, qui puissent avoir des Anges pour supports de leurs Armoiries, ou ceux à qui ils le permettent par une concession particuliere, puis qu'on en voit une infinité d'exemples tres anciens, particulierement dans les Eglises, où la pieté des fideles, laissant des monumens de ses bien-faits, accompagnez de ses Armoiries, pour en conserver le souvenir, a fait scrupule assez long-temps d'y mettre des animaux, des sauvages, & des figures fabuleuses, ou monstrueuses. Ainsi on verra souvent qu'une mesme maison qui a des Lions, des Aigles, des Dragons ou des Sauvages pour supports, a des Anges dans les Eglises. Il y a mesme plusieurs maisons, qui ont constamment des Anges pour supports, comme Montmorency, les Chevriers en Masconnois, dont la devise est, *Angelis suis mandavit de te.* (Loupian Fabregues en Languedoc, &c.

Petro Bizarro fait soûtenir celles de la
Republique de Gennes par deux Anges
en teste de l'histoire de cette Republique ; & Sansovino celles des Ursins,
au commencement de l'histoire de cette
maison. Aux Armoiries de Ferdinand
Roy de Naples, qui sont dans un Ma-
nuscrit de la Bibliotheque de feu Monsieur le Chancelier Seguier, il y a deux
Anges pour supports. Le P. Petra-
sancta, en a donné deux à la Maison
d'Austriche, avec des bannieres, &
un pavillon, à l'imitation des Armoiries de France. J'ay vû celles de Savoye, soûtenuës par un Ange, sur une
porte du Convent de Saint François à
Chambery, avec cette devise. *Crux
fidelis inter omnes.* Celles de plusieurs
Prelats, & de plusieurs Ecclesiastiques,
sont de cette maniere en diverses Eglises. Ainsi il est vray de dire qu'il n'y a
jamais eu de regle pour cela ; comme
il est vray qu'il n'y a jamais rien eu de
fixe & de determiné pour les supports,
que l'on a changez autant de fois qu'on
a voulu, comme on peut remarquer en
divers endroits, particulierement pour
l'Admiral de Graville, dont on voit

les Armoiries à Marcouſſy, à Dour-
dan, à Milly en Gaſtinois, à Males-
herbes en Beauſſe, à Chaſtres, & en
beaucoup d'autres endroits, ſoûtenuës
tantot par deux Lions, tantot par deux
Griffons, tantot par deux Dragons,
tantot par deux Aigles, tantot par
deux Cygnes, tantot par deux Anges,
& tantot par un ſeul.

Les Armoiries des Villes ſont quel-
fois repreſentées avec des ſupports.
Baſle a un Dragon pour ſupport, Bourdeaux deux Belliers, Chambery Capitale de Savoye, deux Chiens avec la
deviſe. *Cuſtodibus iſtis*. Avignon deux
Gerfauts avec la deviſe. *Vngulbus &*
Roſtro.

Quelques familles ont pris des ſupports équivoques à leurs noms, n'ayant
pas d'ailleurs des Armoiries équivoques. Ainſi les *Grimaldi* Princes de
Monaco, ont pour ſupports de leurs
Armoiries deux Moines Auguſtins.
Marmont en Breſſe, dont l'ancien nom
eſtoit *Sauvage*, deux Sauvages. La
maiſon des *Vrſins*, des Ours.

Il y a des ſupports affectez à certaines dignitez ou conditions, comme à

Lion tous les Comtes de l'Eglise Cathedrale, ont pour supports un Lion
& un Griffon, qui sont les figures des
Armoiries du Chapitre. Et à Bologne
en Italie, les Senateurs prenant la charge de Confalonniers de Justice font
d'un costé de la porte de leur maison
soûtenir les Armoiries de la Ville par
un Lion, & de l'autre costé les leurs
propres par un autre Lion.

Quelquefois il n'y a qu'un seul support, l'Aigle a une & deux testes, est
particulierement de cette maniere, &
on luy fait tenir l'écusson entre ses
serres.

Ferdinand d'Austriche ayant épousé
la Reyne Isabelle de Castille & de
Leon, fit porter les Armoiries d'Espagne par un Aigle d'une seule teste, qui
est celle du Roy des Romains. Les
Raggi de Gennes, mettent leur écusson
sur un Aigle à deux testes.

Il y a d'autres animaux que l'on met
seuls, comme le Lion, le Dragon, le
Leopard, &c. A Auxerre sur une muraille derriere le College des Jesuites,
est un ancien écusson de Bourgogne,
tout effacé, tenu par un Lion, qui a

V iiij

la teste cachée dans un casque : de l'une
de ses pattes il tient l'écu, & de l'autre
il reçoit un fusil, qu'une main dans des
nuées luy presente. J'ay vû un ancien
écusson de la maison de Gadagne, soûtenu par une Panthere, qui a la teste
dans un casque tymbré d'une teste de
Licorne, avec un Rouleau, où est
écrit le mot, *Exaltabitur.* Pour faire
allusion à ce verset du Psalm. 91. *Et
exaltabitur sicut unicornis.*

Il y a cent ans, que la plus-part des
Prelats & des Ecclesiastiques titrez,
mettoient des supports à leurs Armoi-
ries. On voit sur l'Hostel de Sens à
Paris, les Armoiries de l'Archevesque
Tristan de Salazar, soûtenuës par deux
Aigles.

A Auxerre les Armoiries de François d'Inteville Evesque d'Auxerre,
sont sur la porte de l'Evesché, dans un
écu en banniere, soûtenu de deux Si-
rennes.

En teste d'un manuscript d'une ancienne traduction de Thucydide, qui
est en la Bibliotheque de feu Monsieur
le Chancellier Seguier, est un écusson
de Claude de Seyssel Evesque de Mar-

ſeille, ſoûtenu de deux Griffons d'or.
Ses Armoiries ſont parties, coupées,
tranchées, & taillées d'or & d'azur,
comme celles des Seyſſels Marquis
d'Aix, & de la Serra en Savoye, & il
briſoit d'un tourteau de gueules en cœur,
ſur l'aſſemblage des traits. La Croſſe eſt
derriere l'écu, & la Mitre par deſſus la
Croſſe, ce qui eſt ſingulier.

Aujourd'huy il y a peu d'Eccleſiaſtiques qui mettent des ſupports à leurs
Armoiries.

Il y a pluſieurs Armoiries, dont les
deux ſupports ſont de deux choſes differentes, comme ceux des Rois d'Angleterre ſont à droite, un Leopard couronné, armé & lampaſſé d'azur, & à
gauche une Licorne d'argent accollée
d'une couronne, & attachée à une chaiſne d'or, laquelle paſſant entre les deux
pattes de devant retourne ſur le dos.
Devant que l'Eſcoſſe eut eſté unie à
l'Angleterre les ſupports eſtoient un
Lion, & un Dragon, à cauſe de l'ordre de la Jartiere, dedié à Saint George,
dont le Dragon eſt le ſymbole. La maiſon d'*Orgemont* a un Lion & un Griffon, *Brezé Maillé*, un Lion & un

Levrier, parce qu'ils estoient Comtes de Maulevrier. *Bourbonne*, un Homme & une Femme sauvages au naturel. L'Electeur de Cologne a dans l'Armorial Alleman, un Griffon & un Lion.

Les maisons de Crequy, de Bethune, de la Rochefoucaud, d'Angennes, de Vignoles, de Gondy, de Bouteiller, &c. ont deux Sauvages pour supports.

Le Roy de Suede, le Palatin du Rhin, & les maisons de Luxembourg, de Rohan, de Molac, du Chassel en Bretagne, de Clermont Tonnerre, de Crussol, de Mouchy, de Souvré de Budos, de Portes, de Seneterre, de Groignet Vassé, de Rocheturpin, de Nassau, de Gaure, d'Espinoy, de Stenhuses, & quantité d'autres ont deux Lions.

Les Rois de Portugal deux Dragons.

Cleves deux Cygnes accollez d'une Couronne.

La maison d'Albret à doubles supports de deux Aigles sur des Lions croupis, qui ont la teste dans des casques.

Allinge en Savoye, Espinay Saint
Luc, Fay d'Espaisse, les Marquis de
Tresegnies aux Pays-bas, des Licor-
nes.

Les Ducs de Lorraine, & les maisons de Cossé, du Puy du Fou, de
Mite Chevrieres, les Ducs d'Arscot,
deux Aigles.

La Republique de Gennes, & les
maisons de Nompar, Thoüars, Bauffremont, la Magdeleine. La Marek,
du Bellay, Brichanteau, Saint Gelais,
&c. ont deux Griffons.

Lamoignon, Bourgogne Falais
aux Pays-bas, & Pompei en Italie,
ont deux Cerfs, ceux des Pompei sont
accollez d'un collier avec ces trois lettres N. M. T. qui signifient *Nemo me
tangat*, & font allusion à ce Cerf, que
l'on dit que l'on trouva autrefois avec
ce mot écrit sur son collier, *Nemo me-
tangat Cæsaris sum*. Comme celuy
que trouva Charles VI. en la Forest de
Senlis, avoit sur le sien, *Hoc me Cæsar donavit*. Ceux de Lamoignon sont
aisslez.

Bretagne deux Salemandres.

Les Ducs de Lenox, de la maison de *Stuart*, deux Loups.

Cluny deux Daims d'or.

Naples deux Sirenes.

Bretagne deux Hermines.

Du Cambout de mesme.

Simiane deux Pantheres.

Grammont, Canillac, les Comtes de Meghem aux Pays-bas, Nicolai, Thibaut, & plusieurs autres, deux Levriers.

Millet en Savoye, dont les Marquis de Faverges, les Barons de Chales & d'Arvillars deux Serpens.

Chapitre X.

Du Pavillon & des Manteaux.

L'Usage des Lambrequins a fait naiſtre inſenſiblement celuy des Manteaux & des Pavillons en Armoiries, parce que ces lambrequins ſe ſont quelquefois trouvez eſtendus en forme de couverture retrouſſée de part & d'autre. L'uſage auſſi des Tournois, ou l'on expoſoit les Armoiries ſur des tapis precieux, y a pû auſſi donner occaſion, auſſi bien que les Tentes & les Pavillons que les chefs de quadrille y faiſoient dreſſer, pour ſe mettre à couvert, juſqu'à ce qu'il fallut entrer dans la lice. On mettoit ſur ces Pavillons les Armoiries, & les Deviſes des Chevaliers, comme nous liſons dans Olivier de la Marche, que l'on fit aux Jouſtes de Jacques de Lalain. *N'eſt pas a oublier que ſur le Pavillon, qui fut tendu pour Meſſire Iacques de Lalain, avoit un cerf couché de brodure. Celuy cerf portoit ſeize cors: & à chacun cor avoit*

une banniere, dont estoit issu ledit La-
lain, & dont les deux premieres furent
du Pere, & l'autre de Crequi, du
costé de la Mere.

En la reception de Philippe le Bon,
Duc de Bourgogne, à Paris, Paradin dit
qu'au *milieu du Iardin se voyoit un ri-*
che & magnifique Pavillon tendu, cou-
vert de riche broderie, aux devises du
Duc, & estoit ce Pavillon de velours
cramoisy, semé de fusils d'or, de fla-
mes, & estincelles, le tout de fin or,
& en l'intervalle des fusils, estoient les
écussons aux armes de tous les pays du
Duc, avec les armes enlassées, l. 3.
p. 853.

Je m'estonne que l'on ait crû, & mesme que l'on ait écrit que Philippe Moreau ait esté depuis moins de cinquante
ans l'inventeur du Pavillon Royal, que
l'on met sur les Armoiries de nos Rois,
puis que Philippe de Valois en portoit
un fleurdelisé en ses sceaux, & en ses
monnoyes d'or, qui en furent nommées
Pavillons. Monsieur de Lamoignon
premier President au Parlement de Paris, a dans sa Bibliotheque un Armorial manuscript, du temps de François I.

où les Armoiries de ce Prince, font fous un Pavillon.

Les Armoiries du Cardinal Charles de Bourbon font à Lion, dans fa Chappelle de l'Eglife Cathedrale, fous un Pavillon comblé du chapeau de Cardinal, les deux coftez du Pavillon foûtenus par deux bras, qui portent des épées flamboyantes, & qui ont des manipules, fes Armoiries font portées par un Lion avec la croix d'Archevefque derriere l'écu fans couronne. Le Pavillon femé de chiffres de fon nom.

A l'imitation du Pavillon des Armoiries de France, le P. Petrafancta en a fait un pour la maifon d'Auftriche dans fon ouvrage. Il y en a aux trois füeilles des Armoiries des Comtés de Flandres & de Haynaut, & du Duché de Brabant pour le Roy d'Efpagne. J'en ay vû un pour le Roy de Portugal, un pour le Roy de Dannemarch, & un pour le Duc de Savoye, comme Roy de Cypre.

Il y a quelques années qu'il a paru une füeille des Armoiries de Monfeigneur le Dauphin, fous un Dais femé de Fleur-de-Lys, & de Dauphins, une couronne au deſſus de ce Dais, & au lieu de la queuë ordinaire des hauts Dais, une pente de Pavillon fourrée d'hermine, & deux aigrettes ſur les coins du Dais. Il y a quatre grandes in-congruitez en ce prétendu ornement.

La premiere en ce que le Dais n'a jamais eſté une decoration d'Armoirie, puis qu'il n'a rien de militaire.

Le Dais eſt un lit en ſon origine, & ſon premier uſage a eſté de ſervir à ex-poſer les corps des Princes aprés leur mort, ce qui eſt d'un uſage tres-ancien, puis que les Romains le pratiquerent devant que de les porter ſur les buchers des Apotheoſes. Conſtantin fut expoſé de cette ſorte aprés ſa mort, & on le ſer-vit durant pluſieurs jours avec les meſ-mes ceremonies, que s'il euſt eſté en-core vivant.

On faiſoit le meſme pour les cere-monies Sacrées des Payens, puis qu'on expoſoit ſur des Lits, les Statuës & les Images des Dieux, & on leur faiſoit en cét eſtat de magnifiques feſtins, où mangeoient certains Officiers, ou Pre-ſtres, qui eſtoient nommez *Epulones,* comme ces ceremonies ſe nommoient

Lectiſternia,

Lectisternia, à cause de ces lits.

Les Images des Empereurs s'expo-
soient de la mesme sorte aux ceremonies
de leurs Funerailles, & Herodien nous
apprend que celle de l'Empereur Severe
fut exposée de cette sorte.

On s'en est servy pour les Assemblées, où les Princes devoient prendre leurs seances, ce qui a fait donner
le nom de Lits de Justice, aux Assemblées generales du Parlement, quand
le Roy y va en ceremonie avec les
Pairs, & les grands Officiers de la
Couronne.

L'Eglise a aussi ordonné pour la bien-
seance de nos ceremonies, qu'il y eut
pour l'ordinaire un Dais de cette sorte
sur les Autels, & des Pavillons sur les
Tabernacles, pour le respect que l'on
doit aux choses Saintes. Pour la mesme
raison, quand on doit porter le Saint
Sacrement ou aux malades, ou en Pro-
cession, il est ordonné qu'il soit porté
sous un Dais, ou *Baldachin*, comme
le nomment les Italiens. Ce qui fait
que la Rubrique du Vendredy Saint,
dit, *Deferatur Baldachinum super Sa-
cramentum.*

V

De cét uſage il a paſſé à celuy de le
porter ſur les Eveſques , & ſur les
Princes , en leurs entrées , dans les
Villes de leur Domaine , ou de leur
Juriſdiction , comme ſur des perſonnes
Sacrées. On met preſque toûjours les
Armoiries ſur ces ſortes de Dais , pour
en faire les ornemens , mais on n'a ja-
mais vû de Dais ſervir d'ornement aux
Armoiries , comme ſont les Pavillons,
qui ſont militaires , & qui ont ſervy aux
Tournois.

La ſeconde incongruité eſt d'avoir mis
une Couronne ſur ce Dais , au lieu
qu'on met le Dais ſur les Couronnes,
que fait cette Couronne ſur ce Dais ?
Eſt-ce pour le couronner , ou pour couronner les Armoiries ? Un Dais couronné eſt une plaiſante choſe , c'eſt une
Calotte miſe ſur un Chapeau , au lieu de
mettre le Chapeau ſur la Calotte , principalement la Couronne qui eſt ſur le
Dais , eſtant plus petite que celle qui
eſt ſur les Armoiries immediatement.

La troiſiéme incongruité , eſt d'avoir
mis une pente de Pavillon à ce Dais,
au lieu de la longue queüe quarrée

qu'on leur donne ordinairement. Car le Dais eſtant un lit, les courtines en doivent tomber quarrement, ſi elles ne ſont retrouſſées ſur les coſtez, au lieu que celle-cy eſt ramaſſée en haut, & élargie en bas.

La quatriéme incongruité, eſt d'avoir repreſenté la pante ou la courtine de ce Dais fourrée d'hermine, ce qui n'a jamais eſté en uſage. que pour les Manteaux, & jamais pour les Pavillons. Les Manteaux ſont fourrez, parce qu'ils ſont une eſpece d'habillement à qui les fourrures conviennent, mais elles ne conviennent nullement à des Pavillons, qui ne ſont pas faits pour veſtir mais pour couvrir. J'en laiſſe une cinquiéme, touchant le cry de guerre, dont je parleray en ſon lieu.

On repreſente le Pavillon ordinaire, attaché à un Arbre ou à une Pique, qui luy ſervent comme de ſouſtien. Et cét uſage eſt pris de l'ancien Pavillon de guerre, que les Italiens portoient ſur un Char, qu'ils nommoient *Il Carroccio*: ce Char eſtoit tiré par quatre paires de Bœufs. Il y avoit au deſſus une espece de Trône avec un Pavillon, attaché à un grand Mast, ou à un grand Arbre, au haut duquel estoit une banderole des Armoiries & des Livrées de la Ville ou de la Republique, qui conduisoit ce Char. C'estoit là où se tenoient les conseils de guerre, c'estoit le lieu du ralliement dans les meslées, & quand ce Char estoit pris, on regardoit le party comme vaincu & defait. Quand plusieurs Villes étoient liguées ensemble pour la mesme guerre, toutes leurs Armoiries estoient sous ce mesme Pavillon. Voicy la description de celuy de Milan faite par l'historien de Veronne Girolamo della Corte.

Era il carroccio un carro grande e eminente assai più de communi soprà il quale era fabricato un tribunale coperto di panno del colore della livrea di quella Republica di cui era onde questo per esser de Milanesi era coperto di panno rosso nel mezzo del quale era posto un alto arbore che da molti huomini era con corde tenuto diritto, e in cima haveva una croce

d'oro sotto la quale stava una bandiera
spiegata pur del colore usato da quella
Republica di cui era il carroccio. Mà
soprà questo oltre a la bandiera dè
Milanesi, ch'era tutta bianca con
una croce rossa v'erano tutte quelle
de gli altri popoli della lega, frà le
quali la nostra era di Zendado azurro con una croce d'oro, insegna che
sin ora s'usà dalla nostra città. Questo carroccio era tirato per lo manco
da quatro para di robusti e fortissi-
mi buoi, i quali ancor essi erano di
panno del medesimo colore coperti La
coperta di questi era dalla parte de-
stra rossa, e d'all'altra bianca, conforme l'una al colore del panno rosso
onde era coperto il carroccio, e l'altra
à quella dell insegna che bianca era:
al guoverno di questo della Republica
era posto qualche gran Cavagliero che
delle cose di guerra havesse gran pra-
tica e cognitione, al quale per insegna di tanta dignità si dava da quella una manara, una spada, e una co-
razza ricamente fornite. Con questo si
dava segno all'esercito d'andare, e
di fermarsi percioche marciando egli

marciava, e fermandosi, egli si fer-
mava l'Esercito. A questo si ricove-
ravano le genti rotte, e stanche, dove
ripigliato vigore, e ardire, e di nuo-
ve genti ajutate ritornavano con mag-
gior ardore alla bataglia. Questa fù
inventione de' Milanesi e in partico-
lar d'Eriberto Intintiano loro Arcives-
covo., per dimostrare con essa l'unione
de tutti i popoli della Lega.

On donne le nom de Pavillon aux bannieres, qui s'arborent sur les Vaisseaux, & sur les Galeres, & chaque Nation a le sien distingué par ses couleurs & par ses marques. Ce qui fait reconnoistre sur la Mer de quel party on est, & c'est une marque de Superiorité, d'obliger ceux d'autre Nation d'abaisser leurs Pavillons quand ils passent.

Le P. Fournier a marqué les couleurs & les figures de la plus part des Pavillons des Nations qui vont sur Mer, en son Hydrographie.

Outre les Pavillons dont on couvre à present les Armoiries des Souverains, il y a des tapis retroussez à l'antique, qui servent d'ornement à plufieurs Armoiries de familles fans titre.

On les expofoit de cette maniere aux Tournois. Et dans les vieux Romans ils ont le nom de *Lambeaux*.

Li Iors fu clers & li tans biaux
Pannons, bannieres, & lambiaux
Veiſſiez au vent venteler
Chevaux hannir & freteler.

Dit la defcription des Jouftes de Chauvency de l'an 1285.

Ils font nommez *Gonfanons* dans le Roman de Guitclin.

Li Confanons de foye for hiaume
li Vantele.

Souvent ils prenoient dés le cafque en forme de chapperon, & ils avoient des houppes au bout.

Jean Gvilim en met l'ufage affez frequent en Angleterre, & donne l'exemple des Armoiries de Bélchier de Gilsborough couvertes de cette forte, d'un tapis pliffé en manteau, qui prend depuis le cafque. Le P. Petrafancta.

en a fait graver la figure dans fonouvra-
ge , tirée de celuy de cét Anglois.

Il y en a quelques exemples dans
l'Armorial Allemand , & plufieurs dans
Campanile pour la Nobleffe de Naples.

Le Doge de Venife met fur fes Armoiries une *Ombelle* ou efpece de Pa-
rafol , femblable au Gonfanon de l'E-
glife Romaine , c'eft une conceffion
d'Alexandre III. quand il fe refugia à
Venife , fuyant la perfecution de l'Empereur Frideric.

J'ay vû cette *Ombelle* à Venife dans
l'Eglife de Saint Marc fur les Armoiries de quelques Doges. Sur celles d'un
Doge Grimani fur la porte de fon Palais de Campagne fur la Brente , & à
Rome elle eft fur les Armoiries de la
Republique , fur une des-portes du Palais de Saint Marc.

A Vienne en Dauphiné , on voit fur
la porte d'une maifon proche Saint
André le Bas , des Armoiries en pierre , fous un Pavillon , que je crois
avoir efté une fantaifie de Sculpteur ,
n'eftant pas d'ailleurs une maifon à
prendre cét ornement.

ennemis, & qui eſtoit venu au ſecours de ces pauvres Hongrois, ayant eſté pris priſonnier avec quelques-uns des ſiens, & le reſte mis en déroute : aprés quoy Biron revint trouver le Mareſchal de Briſſac ; ſes gens menans un ſi grand nombre de priſonniers, que le nombre excedoit le leur de plus de la moitié, outre la dépoüille & le butin qu'ils y firent, de chevaux, d'armes, de chaiſnes d'or, de belles fourrures, de grandes targues & de pennaches dont ils eſtoit bien parez.

Et parce que Biron avoit le plus contribué à la victoire, & qui ce jour-là, à ce que dit Villars, *avoit fait office de fort aviſé Capitaine, & de vaillant & reſolu Gendarme,* il choiſit entre toutes ces choſes, deux tres-riches habillemens de teſte couvert de lames d'or & d'argent, deux targes de même, & ſix lances dorées tres-belles qu'il donna à ſon General, qui pour rendre recommandable la generoſité de Biron, & faire valoir ſon merite à la Cour par ce glorieux trophée, envoya par un Courier exprés tout ce beau preſent au Roy, qui le receut avec beaucoup de ſatisfaction & de joye. La ſeconde occaſion où il donna des preuves de ſa valeur, fut à la retraite que le Marquis de Peſcaire fit devant l'armée, lors que le Mareſchal de Briſſac eſſaya, mais inutilement de l'attirer à un combat general : car commandant une partie

mettét autour de leurs Armoiries fourré
d'Hermines, avec les figures de leurs
Blasons sur les deux replis des costez,
Surquoy il est bon d'avertir les Ouvriers, que ces Figures ne doivent pas
estre mises dans un sens renversé, comme ils font quelquefois, au contraire
il faut les disposer en sorte qu'elles puissent se rapporter sur le devant, comme
si les deux bouts devoient se joindre. Les
Pairs Ecclesiastiques portent aussi ce
Manteau depuis ce siecle seulement.

Les Presidens depuis une vintaine
d'années mettent aussi un Manteau autour de leurs Armoiries, mais ce n'est
pas un Manteau Armoyé comme celuy
des Ducs & Pairs. C'est un Manteau
d'Ecarlatte doublé d'Hermine & de petit gris, qui est le Manteau qu'ils portent en ceremonie, quand ils sont au
Parlement en robe Rouge. Celuy des
premiers Presidens à trois galons d'Or
sur le reply gauche, pour marque de
Chevalerie, qui est attachée à leur dignité.

Celuy du Chancellier est de drap
d'Or, & ne doit pas estre Armoyé.

Les Cardinaux Princes, mettent en

France le Manteau Armoyé à leurs Armoiries. Les Armoiries du Cardinal George d'Armagnac, qui fut Legat d'Avignon, font en ce pays-là, fur quelques Ornemens d'Eglife, avec le Manteau Armoyé, depuis l'an 1580. peut-eftre le fit-il, parce qu'il eftoit refté le dernier de fa maifon.

Le Cardinal de Richelieu porta un femblable Manteau, ayant pris la qualité de Cardinal Duc.

Le Cardinal Mazarin l'a porté du depuis, & Monfieur le Cardinal de Boüillon le porte à prefent.

L'ufage de ces Manteaux n'a guere paffé aux autres pays, & ils font rares en autre lieu qu'en France.

L'Evefque de Piftoye en Italie, met quelquefois fes Armoiries fur une efpece de quarré en forme de Tapis, party des Armoiries de la ville de Piftoye, qui font échiquetées, & de celles de la ville de Prato, qui font femées de Fleur-de-Lys. Elles font ainfi fur la porte du Palais de l'Evefque à Prato, & le Docteur Ricciulli en fon information de droit, dit que c'eft à caufe des conteftations des Evefques de Piftoye, & des Prevofts

de Prato , ceux-cy pretendant estre
exempts de la Jurisdiction de l'Evesque,
& avoir les droits comme Episcopaux à
Prato. Ce qui a obligé les Evesques de
Pistoye de mettre de cette sorte leurs
Armoiries, depuis plus de cent cinquante ans sur cette espece de Tapis , aux Armoiries des deux Villes. *Iurisdictio E-*
piscopi in dictâ Terrâ præsumitur in
primis ex insigniis Episcoporum pro tem-
pore in supradicto Palatio & maximè
junctis simul cum eis insigniis civitatis
Pistorÿ à dextris , & Terra Prati à si-
nistris.

Feu Monsieur d'Hozier en la Genealogie des Sieurs de Larbour , dits depuis
de Combauld , donne un exemple bien
particulier de Loüis de Combauld II.du
nom, qui ayant suivy la fortune du Connestable de Bourbon , se trouva à ses
costez quand il fut tué à l'escalade de
Rome l'an 1527. & couvrit le corps de ce
Prince de sa cotte-d'Armes qu'il deve-
stit, & le retira de la vuë des siens, donnant par ce moyen occasion à la victoire que son party emporta. Aprés estant
retourné dans la Duché de Montpensier où il demeuroit d'ordinaire , il com-

mença à mettre cette cotte d'Armes autour de ses Armoiries en forme de Manteau Ducal, & sur les bords qui passoient au dessous de l'Ecu ces mots de sa Devise. *Vbi mel, ibi fel.* Pour dire que ce qui avoit fait ses plus belles esperances ne faisoit plus que ses amertumes, & sa douleur.

C'est comme j'ay déja dit de l'ancien usage des Tournois, qu'est venu celuy des Manteaux, qui sont nommez dans les anciens manuscripts *Blasons, Enseignes d'Armes & Housses d'Ecu*, dans un manuscript, de la maniere des anciens Tournois, que m'a communiqué Monsieur du Cange, il est dit, *Doivent les Herauts crier que l'on boute hors Bannieres, Blasons, & Housses, d'Ecu, ou Enseigne d'Armes parquoy on puisse tournoyer en accord.*

CHAPITRE XI.

Des marques d'Honneur pour les Dignitez.

OUTRE le Tymbre, le Cimier, les Lambrequins, & les Supports qui font les ornemens les plus ordinaires des Armoiries, il y a des marques d'Honneur pour les Dignitez, & pour les Offices que l'on exerce. L'ufage en eft plus ancien que celuy des Armoiries, puis que dans les Medailles antiques on voit plufieurs de ces marques qui defignent les Emplois, & les Offices que l'on exercoit. En quelques Medailles de Pompée, on voit des proïes de Vaiffeaux, à caufe de la charge d'Admiral, qu'il eut en la guerre contre les Pyrates. Lucius Hoftilius, qui eut la mefme charge en la troifiéme guerre Punique prit la mefque marque de fa charge, & on trouve en plufieurs revers de celles de Jules Cefar le bâton Augural, la Hache, & le Sympule, qui font les Symboles de fes Dignitez d'Augure, de Pontife,

& de Sacrificateur. Les sept Officiers qui presidoient aux Festins des Dieux, & qui estoient nommez *Septemviri Epulonum*, avoient un Vase à tenir du Vin, pour marque de leur Dignité ou de leur Office, comme ceux qui estoient nommez, *Quindecim viri*, parce qu'ils estoient quinze, avoient un Dauphin sur un Trepied. Je laisse les autres marques des Dignitez du bas Empire, que Pancirol a ramassées en sa Notice, pour venir à celles qui sont en usage parmy nous.

Je remarque qu'anciennement les personnes, qui avoient des Offices à la Cour, mettoient sur leurs Tombeaux des Fleur-de-Lys & des Roses, particulierement les Filles, & les Dames qui servoient nos Reynes. J'en ay vû divers exemples en diverses Eglises à Saint Martin Des-Champs à Paris il y en a un à l'entrée de l'Eglise : à Poissy dans la grande Eglise, & à Gomer-Fontaine, au Vexin François, est un Tombeau d'une Jeanne de Frevillier, qualifiée Demoiselle de la Reyne, avec deux Fleur-de-Lys & deux Roses sur son Tombeau, aux costez de sa Repre-

fentation. L'Epitaphe eft celle-cy. *Icy
gift Ianne de Frevillier, qui fu Damo-
felle de la Reyne de France, & Fame
Enguerran de Mariny . . . . . Seigneur
de Meneville, qui trepaffa l'an de grace
mille deux cent . . . . . .*

Au Cloiftre de Saint Antoine Des-
Champs au Fauxbourg de Paris, eft le
Tombeau d'un Lieutenant du Chaftelet,
avec un Poinçon dont on fe fervoit anciennement pour écrire, & qu'on nommoit γεαφιον gravé auprés de fa Repre-
fentation avec des Fleur-de-Lys, &
cette Epitaphe. *Icy gift Meffire Rogier,
jadis Clerc le Roy de France, du Greffe
du Chaftelet de Paris, qui trepaffa l'an
de grace 1301.*

Cette maque de Fleur-de-Lys a fait
foupçonner à Môfieur du Chefne, qu'un
Guy de la Rochefoucaud, qui vivoit
l'an MCCLXXX. eftoit grand Fauconnier
de France, parce qu'en un de fes Sceaux
il eft reprefenté avec un Oyfeau de
proye fur le poing, & au contre-Seel fes
Armoiries font flanquées de deux Fleur-
de-Lys, & fommées d'une autre, & je
ne doute pas que la plus-part des Fleur-
de-Lys que tant de Familles portent en

Armoiries, ne soient plûtost des marques des Offices que des anciens Seigneurs ont eu auprés de nos Roîs, que des concessions particulieres.

Il y a sept manieres de placer dans les Armoiries les marques des Dignitez. La premiere est quand elles sont les Armoiries mesmes de la Famille, comme les anciens *Bouteiller* de Senlis, Chantilly, portoient d'or à une Croix de gueulles chargée de cinq coupes d'Or.

Dans l'Eglise de Nostre-Dame de Chambly, est le Tombeau d'un Richard d'Amblerville, qui se qualifie Charpentier du Roy, ses Armoiries sont deux Haches de Charpentier addossées, avec cette Epitaphe. *Cy gist Richard d'Amblerville Charpentier le Roy de France, qui trepassa l'an de grace* MCCXCVI. V. *mois d'Avril, priez Dieu pour l'Ame de ly.*

Secondement elles peuvent faire un quartier des Armoiries, comme elles font en celles des Electeurs Seculiers de l'Empire, l'Electeur de Baviere, celuy de Saxe, & celuy Brandebourg, font un quartier de leurs Blasons, des marques de leur Dignité.

Baviere du globe Imperial, Saxe des
Epées, Brandebourg du Sceptre, & le
Palatin de la Couronne, depuis qu'on a
fait un huitiéme Electorat, en divisant
celuy de la maison Palatine de Baviere.

A Arras dans l'Eglise Parroissiale de
Saint Jean de Ronville, se voit l'Image
de Nicaise l'Adam dit le Songeur, Roy
d'Armes de l'Empereur, sous le titre de
Grenade. Il est representé à genoux,
vestu d'une robbe fourrée, ayant sa
cotte-d'Armes au blason de l'Empire,
l'Ecu de Charles V. sur la poitrine de
l'Aigle. Sur son bras droit est son Email.
Ses Armoiries sont d'azur à trois gerbes
d'Or. En cimier une Grenade bequetée
d'un oiseau verd, & sous le casque un
petit rouleau avec ces mots, *Plus que
bien*. Dans le mesme Tableau il y a des
Grenades avec des rouleaux, où sont ces
mots, *Rien autre*. Le mesme est aussi
peint en la Chappelle de l'Hospital des
Pelerins de Saint Jacques en la mesme
Ville, & à Saint Jean l'Ecu de ses Armes est encore brisé d'une *Grenade*,
pour marque de sa Dignité ou Office.

Troisiémement elles se mettent en ci-

mier comme toutes les Couronnes, &
les Thiares, Chapeaux, Mitres, Mor-
tiers, & autres pareilles chofes, qui fe
portent d'ordinaire en tefte.

Quatriémement elles s'accollent derriere l'Ecu, comme les Croix des Archevefques, l'Anchre de l'Admirauté,
les bâtons des Marefchaux de France,
les Clefs pour les Papes. De ces chofes
quand il n'y en a qu'une, elle fe met
droite en pal derriere l'Ecu, comme la
Croix des Archevefques, la Croffe des
Evefques, & des Abbez. L'Anchre de
l'Admirauté, &c. Quand il y en a deux
elles fe mettent pour l'ordinaire en Sautoir, comme les Maffes du Chancellier,
les bâtons des Marechaux, & les Clefs
du Pape.

Cinquiémement elles fe mettent aux
coftez, comme les Epées du Connefta-
ble, & celles du grand Efcuyer.

Sixiémement elles fe mettent au def-
fous, comme les Canons acculez du
grand Maiftre de l'Artillerie.

Septiémement elles fe mettent tout
autour de l'Ecu, comme les colliers des
ordres de Chevalerie, & le Pallium
pour quelques Archevefques. Les Ma p-

teaux embraſſent auſſi tout l'Ecu.

Il y a quatre eſpeces differentes de ces marques, qui entrent en Armoiries. 1. Les Eccleſiaſtiques. 2. Les Politiques. 3. Les Militaires. 4. Et les Civiles.

Les Eccleſiaſtiques ſont la Thiare, & les Clefs pour le Pape.

Le chapeau Rouge pour les Cardinaux. Le chapeau Vert pour les Archeveſques & Eveſques. La Croix à double traverſe pour les Patriarches, & Primats, la ſimple pour les Archeveſques ordinaires, & pour les Cardinaux qui ont eu des Legations. La Croſſe & la Mitre pour les Eveſques, & pour les Abbez. La Croſſe pour les Abbeſſes. Le chapeau Noir pour les Protonotaires.

L'uſage du Chapeau pour les Archeveſques & Eveſques, vient d'Eſpagne, où il éſt en pratique depuis longtemps, & plus frequent que la Croſſe & la Mitre. Les Armoiries de Don Rodrigue Fernand de Naruaez Eveſque de Jaen, ſont à Baeça de cette ſorte depuis l'an 1400.

Le premier qui ſemble l'avoir intro

duit en France pour les Archevesques,
est Tristan de Salazar Archevesque de
Sens Espagnol. On les voit avec le
chappeau à Sens en divers endroits de
l'Eglise, & à Paris sur l'Hostel de Sens,
avec deux Aigles pour supports. Il vivoit l'an 1510.

Dans l'histoire Allemande du Concile
de Constance, imprimée à Ausbourg
l'an 1483. sont les Armoiries des quatre
Patriarches d'Aquilée, d'Antioche, de
Constantinople, & de Venise, & Jerusalem, avec le chapeau Verd sur les
Ecussons.

Charles de Grassalio dans le traité Latin, qu'il a fait des droits des Regales,
dit que les Protonotaires mettent sur
leurs Armoiries le chapeau Noir doublé
de Verd. *Protonotarius Tymbrum addit
ex pileo nigro duplicato viridi colore.*
Son livre est imprimé en 1545.

Les Chantres des Chapitres & Eglises Collegiales, ont commencé depuis
quelques années de mettre un bâton de
Chœur derriere leurs Armoiries. Dans
la Chappelle du Chasteau de Vincennes
est enterré un René de Laulnay Chantre
& Chanoine, avec ce bâton derriere

ſes Armoiries. De meſme dans la Ta-
piſſerie de l'hiſtoire de Noſtre-Dame, à
Noſtre-Dame de Paris, ſont les Armoiries de Michel le Maſle Prieur des Ro-
ches, Chantre & Chanoine, avec un
pareil bâton, ſommé d'une Fleur-de-
Lys.

Outre ces marques Eccleſiaſtiques,
il y a encore le bâton ou bourdon pour
les Prieurs, & le bâton de Chapitre
pour les Chantres, quoy que ce dernier ne ſoit pas univerſellement en
uſage.

A Sens j'ay remarqué dans la grande
Egliſe, ſur le Tombeau d'un Jean Bon-
temps, Chanoine, Theologal, &
Threſorier, deux clefs aux coſtez de ſon
Écu, liées d'un cordon, pour marquer
ſa dignité de Threſorier.

Les Marques des dignitez Politiques
ſont les Couronnes, qui marquent les
Souverainetez, & les degrez de Nobleſſe, & les Manteaux des Ducs &
Pairs.

Les Militaires ſont les marques des
Conneſtables, Mareſchaux de France,
Colonnels de l'Infanterie, & de la Ca-
valerie, qui mettent des Cornettes &

des Drapeaux autour de leurs Armoiries. Les Grands Maiftres de l'Artillerie, des Canons, &c.

Les Civiles font le Mortier, & les Maffes du Chancellier & des Gardes-des-Sceaux, le Mortier & le Manteau des Prefidens.

Les marques de Chevalerie font de trois fortes, ou Ecclefiaftiques, ou Militaires, ou Politiques. Les marques Ecclefiaftiques de Chevalerie font la Croix pour les Chevaliers de Saint Jean de Jerufalem, & le Chappelet. Les Croix pour les Chevaliers d'Alcantara, de Montefa, de Calatrava, d'Avis, de Chrift, de Saint Maurice, & de Saint Lazare, & le Tau des Religieux de Saint Antoine, anciennement Chevaliers Hofpitaliers.

Les Militaires font l'Epée, que l'on trouve ou à cofté de l'Ecu, ou derriere l'Ecu en plufieurs Monumens anciens, pour ceux qui eftoient Chevaliers d'Armes, *Milites*. J'en ay donné plufieurs exemples en mon Art du Blafon juftifié. L'Epée des Chevaliers de Saint Jacques.

Les Colliers des ordres de Saint Mi-

chel, du Saint Efprit, de la Toifon
d'Or, de la Jarretiere, de l'Annon-
ciade, &c. Sont marques politiques,
eftant de pures marques d'honneur, in-
ftituées par les Souverains, pour ré-
compenfer les perfonnes de la premiere
qualité, & pour les diftinguer des autres par ces efpeces de focietez.

Les plus anciennes marques d'Honneur font conftamment les Ecclefiaftiques, particulierement le chapeau des
Cardinaux, la Croix des Archevefques,
la Croffe des Evefques & des Abbez,
dont on trouve quantité d'exemples, au
de là de trois cens ans. Cette Croix &
cette Croffe font fouvent dans l'Ecu
mefme. Auffi ont elles fait anciennement les Armoiries de plufieurs Eglifes.
La Croffe fait celles de deux Pairies Ecclefiaftiques de Laon, & de Noyon,
dont l'une porte femé de France à la
croffe de gueulles pofée en pal, & l'autre de femé de France à deux croffes ad-
doeffés en pal d'argent.

Les Armoiries de l'Eglife de Sens font
d'azur à la croix d'argent, accompagnée de quatre croffes d'or. Quelquefois ces croffes font doubles, pour reprefenter

ſentet l'Egliſe de Sens, & les ſept Egliſes des Eveſchez ſuffragans. Pluſieurs Archeveſques ont écartelé ces Armoiries avec celles de leurs maiſons. Guillaume de Melun le faiſoit en 1329. Eſtienne Poncher, Triſtan de Salazar, &c.

La Mitre n'eſt pas ſi univerſellement ſi ancienne ſur les Armoiries, parce que ſur les Tombeaux on ſe contentoit de la mettre en teſte aux repreſentations des Eveſques, Archeveſques & Abbez.

Les Clefs ſont aſſez anciennes en Armoiries pour les Papes. Froiſſard parlant de l'Eveſque de Nordvic dit, *Faiſoit l'Eveſque de Nordvic, devant luy porter les Armes de l'Egliſe. La Banniere de Saint Pierre de gueulles à deux Clefs d'argent en ſautoir, comme Gonfalonnier du Pape Vrbain, & en ſon Pennon eſtoient ſes Armes.*

Les Armoiries de Clement VI. ſont à Sens dans la Chappellé de Saint Martial, qu'il avoit fait bâtir en deux Ecuſſons, ſur l'un deſquels ſont les Clefs, & ſur l'autre la Thiare.

Il eſt d'ancien uſage pour les Commandeurs de l'Ordre de Saint Antoine, de mettre le Tau dans leurs Armoiries.

Y.

J'en ay remarqué des exemples en divers endroits. A Chambery fur la porte de l'Eglife de Saint Antoine en dedans, font les armes d'*Orly* d'or à l'Ours de fablé, le Tau d'azur au canton feneftre de l'Ecu.

La mefme dans la vitre qui eft derriere le grand Autel, & à deux autres d'une Chappelle qui eft à main droite, font les Armoiries de *Rivoire*, fafcées d'argent & de gueulles, à la bande d'azur chargées de trois Fleur-de-Lys d'or, le Tau d'azur fur les deux premieres faces au canton feneftre du chef.

Dans la vitre d'une autre Chapelle à main gauche, font des Armoiries d'argent à cinq Tourteaux de gueulles, 3. & 2. au chef de gueulles chargé du Tau. Dans la galerie de bois qui traverfe la ruë entre la maifon & l'Eglife, font les Armoiries de Charles de *Seyffel* Commandeur de S. Antoine de Chambery, & Evefque de Geneve, l'an 1510. party coupé tranché taillé d'or & d'azur, le Tau d'azur au canton dextre du chef, la Mitre & la Croffe fur l'Ecu.

Sur les feneftres de la fale dans la maifon, font des Armoiries d'un Lion avec un chef chargé d'un Tau.

Dans les clefs de la voute de l'Eglise, deſſus la chaire, & ſur la tour du clocher. Il y a un Tau avec un chef échiqueté de deux traits, c'eſt d'un ancien Commandeur, qui fit bâtir l'Eglise & le clocher, il y a plus de quatre cents ans, ce qui fait voir l'ancien uſage de ce Tau, & ſa continuation.

A Bourg en Breſſe, ſur le pilier d'une croix de pierre, dont la cime eſt abbatuë, ſont les Armoiries d'Amé de Colom Commandeur de Saint Antoine de Bourg l'an 1470. ce ſont trois Pigeons au milieu deſquels eſt le Tau.

Là meſme dans la Chappelle de la Commanderie, ſont les Armoiries d'Antoine du Saix Commandeur de Bourg, Abbé de Cheſery, & Ambaſſadeur du Duc de Savoye auprés de François I. l'an 1535. écartelées d'or & de gueuſles, le Tau d'azur ſur le premier quartier d'or.

A Paris au petit Saint Antoine, ſont des Armoiries en pierre, qui ne ſont pas moins anciennes que l'Eglise, où il y a trois Tours, & un Tau au milieu.

J'en ay remarqué en divers autres lieux, qu'il ſeroit inutile de rapporter.

Y ij

Ceux de Castro en Espagne, Comtes de Lemos, mettent au dessus de leur Ecusson sous la couronne un Tau, parce que la souche de leur famille est à Castrogeriz à sept lieües de Burgos, où est la grande Commanderie de Saint Antoine, avec l'Hospital Royal fondé par Alphonse VIII. l'an 1146. Je l'ay vû de cette sorte sur les Armoiries de Dom Pedro Fernandez de Castro Comte de Lemos, Viceroy de Naples.

Aprés les marques des Dignitez Ecclesiastiques, je n'en trouve pas de plus anciennes que celles des Connestables, & des Admiraux de France.

Dans le Cloistre de l'Abbaye du Val proche l'Isle Adam, il y a un gros massif de pierre de taille joignant le Chapitre, contre lequel est l'Image de la Vierge, de plein relief, soûtenuë par une espece de console de pierre, qui sort du mur à six pieds de terre. Devant elle est la figure d'un Cavalier à genoux, les mains jointes, armé de toutes pieces, qui est pareillement de plein relief, d'environ deux pieds & demy de haut, & soûtenuë aussi par une pierre qui sort du mur à mesme hauteur. Sa cotte-d'Armes est armoyée de la croix & des Alerions de Montmorency, au pied de l'Image de la Vierge, sont les armes de la maison de Montmorency, avec les épées de Connestable aux deux costez, & au dessous de ces Armoiries est un petit morceau de parchemin long d'environ quatre poulces sur trois de haut enchassé dans le mur, & couvert d'un gros verre, sur lequel ces mots sont écrits en vieilles lettres. *Cy gist noble & puissant Seigneur Messire Matthieu de Montmorency, en son vivant Chevalier Comte de Ponthieu & Connestable de France.* Il mourut l'an 1239. J'ay peine de croire que ce Monument soit de son temps, quoy soit qu'il d'ailleurs assez ancien.

Dans un manuscript de la la legende dorée, en la Bibliotheque de Monsieur le Cardinal de Boüillon, j'ay vû les Armoiries de Loüis Bastard de Bourbon, Comte de Roussillon, Sieur de Valloignes, de Montpensier en Lodunois, & Admiral de France en 1466. elles sont d'azur à trois Fleur-de-Lys d'or, un bâton noüeux de gueulles mis en barre brochant sur le tout, l'Ecusson

quarré d'un casque fermé, sur le casque
il y a pour cimier un pot d'or, d'où sortent des flames, les lambrequins sont
d'azur semez de flames d'or, le collier
de Saint Michel est autour de l'Ecusson,
& l'Ecusson est tenu par une Dame,
ayant une palme en une main, tout autour sont divers quarrez des mesmes Armoiries, meslez à d'autres quarrez de
gueulles, à un Anchre droit d'argent la
trabe d'or.

Les Armoiries de Loüis de Graville,
qui fut Admiral de France sous Charles
VIII. sont sur une des portes de la grande Eglise de Sens, avec l'Anchre derriere l'Ecu.

Les Comtes de Pegnaranda en Espagne, du nom de *Bracamonte*, portent
de sable à une équerre, & une masse de
masson d'argent à la bordure d'azur
chargée de huit Anchres. Parce qu'ils
disent que Rubi de Bracamont, qui
passa le premier de France en Espagne,
estoit Admiral de France.

Le Grand Escuyer ayant eu un de-
membrement de l'ancienne charge des
Conestables, qui avoient soin de l'Es-
curie du Roy, dont ils estoient nom-

mez *Comites ſtabuli*, a eu deſlors une marque ſemblable à celle du Coneſtable, de deux épées fleurdeliſées à coſté de ſes Armoiries, avec cette difference que la Juriſdiction du Coneſtable eſtant pour les Armées, les deux épées du Coneſtable ſont nuës & ſans fourreau, & celle du grand Eſcuyer, n'eſtant que pour la Maiſon du Roy, c'eſt à dire pour l'écurie de la Maiſon du Roy, les ſiennes ſont en fourreau avec la ceinture au tour.

Jacques Galiot de Genoüillac, portoit l'épée droite, la pointe en bas dans le fourreau derriere l'écu de ſes Armes, comme j'ay vû en teſte d'un manuſcrit, qui eſt en la Bibliotheque de Monſieur le Premier Preſident de Lamoignon, avec ce titre. *A haut & puiſſant Seigneur Monſeigneur Iacques, Seigneur de Genoilhat dit Galliot Seigneur d'Acyer, Montrichard, Cadenach, Lonſac, & Lalleu, Conſeiller & Chambelan ordinaire du Roy, Chevalier de ſon Ordre, grand Eſcuyer, & Maiſtre de l'Artillerie de France.* Ce traité eſt de l'Artillerie, compoſé par un Pommereux Sieur du Pleſſis Brion.

Les Mareschaux de France comme Lieutenans, & aides des Connetables, avoient anciennement pour marque deux haches-d'Armes, qu'ils ont du depuis changées en deux bâtons Fleurdelifez, dont ils accollent leurs Armoiries.

L'Allouëtte parlant de ces marques d'honneur au Chapitre VIII. du Livre 1. de fon Traité des Nobles, dit.

Il fe fait une ceremonie en l'Inftitution du Connetable, & au Couronnement du Roy, qui eft bien à noter en ce propos. C'eft que l'Epée luy eft baillée en garde à titre de Fief, & en fait foy & hommage, luy promettant de n'en ufer que bien & legitimement, & le Roy mefme luy ceint & pend au cofté pour luy & tous Gentilshommes, qui ont droit d'en porter, dont pour figne & remarque, il fait mettre & ajoûter à l'Efcuffon de fes Armes une Epée nuë.

Les Mareschaux qui font comme fes Lieutenans, voire Confeillers, Affeffeurs, & Collateraux au fait des Armes, portent la Hache en leurs Armoiries, comme le figne de la puiffance & authorité Royale, dont ufoient ancien-

nement

nement les Rois pour sceptre, & remarque de leur dignité, prenans l'investiture & possession du Royaume par la tradition de la hache.

Le grand Ecuyer, qui jadis portoit un Escu d'armes devant le Roy, dont il a retenu le nom d'Escuyer, à en ses armes l'Espée au fourreau de velours semé de Fleurs-de-lys.

Le Feron en son Catalogue des dignitez de France, parle de ces marques d'hōneur en la Preface de chacun de ses Recueils. En celle du Recueil des Connestables, il dit. *Avoient iceux Connestables le total gouvernement de la guerre, & finances du Royaume de France; ayans aussi pour insigne de prééminence d'Office, l'Epée droite & nuë à deux tranchans: la poignée d'azur semée de Fleurs-de-lys d'or, & le pommeau à la croisée de mesme denotant Iustice toûjours estre droite.*

Pour les Admiraux il dit, *ont & doivent avoir pour intersigne d'office, l'anchre du navire, denotant iceux estre gouverneurs, & avoir la superintendance de la mer, & sur toutes les navires, & trafiqueurs.*

Z

Pour le Mortier que les Presidens mettent sur leurs armoiries, je n'en ay point vû d'exemple plus ancien que celuy de Christofle de Thou, premier President au Parlement de Paris, dont les Armoiries sont sur une vieille tapisserie à S. André des Arcs dans la chambre qui est sur la Sacristie. On y void ses armoiries tymbrées d'un casque avec les lambrequins, & sur le casque le mortier noir bordé de deux galons d'or, & du mortier sort une teste de Licorne pour cimier.

Il y a en Allemagne quelques dignitez Ecclesiastiques dans les chapitres, qui portent la Mître en Armoiries sans estre Prelats. A Mayence le Prevost, le Doyen, & le Chantre le pratiquent, J'ay vû de cette sorte celle de Wolfgang d'Alberg Prevost l'an 1580. & depuis Archevesque aprés Daniel de Manderscheit, Celles de George Schonenburg Doyen au mesme temps, & celles de Henry Stockein Chantre. Ils mettent alors deux casques sur leurs Armoiries, l'un à droite, tymbré d'une Mître, & un autre de leur famille.

CHAPITRE XII.

DES FLEVRS-DE-LYS.

ON a beaucoup écrit des Fleurs-de-Lys, & apres tout ce qu'on en a écrit, on est encore à sçavoir déterminément ce qu'elles sont, & à quelle occasion elle sont devenues les Armoiries de France.

Je reduits à quatre Classes tous ceux qui en ont écrit. Ce sont ou des Historiens, ou des Poëtes, ou des Orateurs, ou des Critiques.

Peu de nos anciens Historiens en ont parlé. Rigordus qui a écrit l'Histoire de Philippe Auguste s'est contenté de dire que Galon de Montigny portoit en la bataille de Boüines l'enseigne Royale Fleurdelisée. *Intereà adveniunt legiones communiarum, quæ ferè usque ad hospitia processerant, & vexillum beati Dionysii, & accurrunt quantocyùs ad aciem Regis, ubi videbant signum Regale, vexillum videlicet floribus lilii distinctum quod ferebat de illo Galo de*

Montigniaco miles fortissimus, sed non dives.

Les autres Historiens qui en ont écrit plus distinctement, sont des Historiens des derniers siecles, qui s'en sont tenus aux traditions, qui avoient cours quand ils écrivoient. Ce qui a fait que Gaguin a rapporté la fable des Crapaux, Paul Emyle celle des Diademes, & Nicole Gilles celle des Croissans. Que l'on prétend que Clovis ait changez en Fleurs-de-Lys.

Les Poëtes ont écrit des fables, & des inventions à leur maniere, ils ont fait descendre du Ciel les Fleurs-de-Lys. Ils les ont fait apporter par un Ange, & donner à un Hermite.

Les Orateurs se sont persuadez que c'estoient des Lys de jardin, & trouvant dans l'Escriture Sainte, dans les Peres Grecs & Latins, & dans les Autheurs prophanes de grands éloges des Lys, ils en ont fait des rapports, & des applications ingenieuses à la gloire de nos Rois & de nostre Nation. Guillaume Nangis leur a frayé le chemin dans l'Histoire de S. Louis, où il pretend que les trois fueilles de nos Fleurs-de-Lys representent la Foy, la Sagesse, & la Valeur, & que les deux dernieres estant venuës de Grece avec Saint Denys l'Areopagite, l'avoit planté la premiere en France, & que c'est la sagesse & la valeur qui maintiennent la foy, laquelle comme la fueille la plus haute acheve la Fleur-de-Lys au milieu des deux autres.

Si tam pretiosissimus thesaurus sapientiæ salutaris, quod olim de Græcia sequendo Dionysium Areopagitam Parisius ad partes Gallicanas devenerat cum fide & militiæ titulo, de Regno Franciæ tolleretur maneret utique liliatum signum Regis Franciæ quod trini floris folio depictum est, in unâ parte sui mirabiliter deformatum. Nàm ex quo Deus & Dominus noster Iesus Christus voluit tribus prædictis gratiis, scilicet fide, sapientiâ, & militiâ specialius quàm cætera Regna, Regnum Franciæ suâ gratiâ illustrare, consueverunt Reges in suis armis & vexillis florem lilij depictum cum tribus foliis comportare. Quasi dicerent toti mundo, fides, sapientia, & militiæ titulum abundantiùs quàm regnis cæteris, sunt Regno nostro Dei provisione & gratiâ servientes. Du-

plex enim par flos lilij sapientiam & mi-
litiam significat quæ duo sequentes de
Græcia in Galliam Dionysium Areopagi-
tam, cùm fide, quam ibidem Dei gra-
tia seminavit, tertium florem lilij fa-
cientem custodiunt & defendunt. Nam
fides gubernatur, & regitur sapientia,
ac demùm militiâ defensatur. Quam-
diu enim prædicta tria fuerint in Regno
Franciæ fortiter & ordinatè sibi invicem
cohærenti, astabit Regnum. Si autem de
eodem separata fuerint, vel avulsa om-
ne illud in seipsum divisum desolabitur
atque cadet. Ann. Domini. 1239.

On ne sçauroit dire combien d'applications de cette sorte se font faites sur
nos fleurs-de-lys à l'exemple de celles-
cy. Les Orateurs sacrez ont ramassé
tous les endroits de l'Ecriture où il est
parlé des Lys avec avantage, & les ont
appliquez aux fleurs-de-lys. De là vient
la Devise tirée du sixiéme de S. Mathieu
& du douziéme de Saint Luc, qu'on applique à la Loy Salique qui exclud les
femmes de la succession à la Royauté.

Lilia non laborant, neque Nent.
De là mesme, cette autre devise tirée du
mesme endroit.

Considerate Lilia quomodo crescunt.

C'est à la faveur de ces mesmes textes que l'on a mis nos Roys au dessus de Salomon le plus sage, & le plus magnifique des Monarques, en leur appliquant ces autres paroles.

Nec Salomon in omni gloriâ suâ coopertus est sicut unum ex ipsis.

On s'est servi de la mesme maniere de ce passage du Chapitre 5. du Livre 4. d'Esdras.

Ex omnibus floribus orbis elegisti tibi lilium unum.

Dont on a fait la legende du revers des *Lys d'or*, où deux Anges portent l'Ecusson des Fleur-de-lys.

Quelles applications mysterieuses n'a t'on pas fait sur les colomnes, les chapiteaux, & les autres ornemens du Temple de Jerusalem, où il y avoit des Lys. Gerson Chancellier de la Faculté de Paris a fait des applications de cette sorte dans le Panegyrique de S. Louis qu'il prononça devant le Recteur & l'Université assemblée, Il prit pour Texte ce passage de S. Mathieu, *Considerate lilia quomodo crescunt.* Et apres avoir parlé de la consideration, il vient aux

Z iiij

applications de la couleur , & du nombre des Fleurs-de-lys , qu'il dit reprefenter les trois Eftats du Royaume, les
trois perfonnes de la Trinité , les trois
facultez de l'Ame , &c. Enfin il cherche
ce qu'il faut pour faire croiftre les Lys ,
& dit qu'ils ont befoin de la rofée du
Ciel , de l'humeur de la terre , & de la
culture du Jardinier. Il applique tout
cela à S. Loüis , & à fes auditeurs

Chaffeneu a pouffé plus avant ces applications , en la confideration trentié-
me de la cinquiéme Partie de fon Catalogue de la gloire du monde , où il fait
ces quatre propofitions.

Primò quod in fcuto lilia depinguntur
Secundò quod depinguntur aurea
Tertiò quod in numero ternario.
Quartò quod in campo coloris fapphiri
extendantur.

Ces quatre propofitions ne font en
fuite que des applications des vertus
& des proprietez du Lys , de l'or , du
nombre de trois , & des Saphirs à nos
Rois & à noftre Nation.
Enfin le Pere Rouffelet Jefuite, Franc-
Comtois ayant efté naturalifé par le

feu Roy, composa le Lys sacré en faveur de Clovis, de Saint Loüis, & du feu Roy Loüis le Juste, où il a ramassé tout ce que les Autheurs ont jamais dit des Lys & des fleurs-de-lys, en un gros volume qu'il applique à nos Roys & à la France. C'est de là qu'Estienne Taraut a tiré tout ce qu'il a compilé des fleurs-de-lys en ses Annales de France. Et c'est cét ouvrage qui mit en mauvaise humeur M. Chifflet contre la France, estant indigné qu'un homme de son Pays né sujet du Roy d'Espagne eut dit des choses si avantageuses de nos Roys.

La derniere Classe des Autheurs qui ont écrit des Fleurs-de-Lys, est de ceux qui ont a dessein recherché & examiné d'une maniere sçavante ce que c'est que les Fleurs de lys. J'en trouve cinq principaux, qui sont M. Chifflet, M. Tristan de S. Amant, le P. Ferrand Jesuite, M. de la Roque, & M. de Sainte Marthe.

Le Tombeau de Childeric I. enterré à Tournay ayant esté ouvert le 27. May l'an 1653. on y trouva son anneau, des medailles des Empereurs, & quantité de petites mouches dorées, ce qui donna

occasion à Monsieur Chifflet Medecin
de l'Archiduc de publier deux ans aprés
un Traité sous ce titre, *Anastasis Chil-
derici*, par lequel il pretendit faire voir
que les Armoiries de France avoient esté
des Abeilles d'or; & prit en même temps
occasion de refuter en ce Traité tout ce
que Monsieur Tristan de S. Amant avoit
écrit des Lys en son second Volume des
Commentaires Historiques sur les Medailles Grecques & Latines, ou expli-
quant le revers d'une Medaille de Pes-
cennius Niger, où l'on void une femme
qui tient en sa main droite un peu éle-
vée quelque chose qui ressemble au bouton de la Fleur d'un Lys, avec la legende *Bonæ spei*, il a montré en trois grandes pages que le Lys estoit le symbole
de l'Esperance chez les Anciens.

Monsieur de S. Amant, piqué par cét
ouvrage de Chifflet, entreprit de se justifier, & de defendre en mesme-temps
l'ancienneté des Fleurs-de-lys que Chifflet avoit voulu détruire; ce fut l'occasion du Traité qu'il publia un an apres
sous ce Titre. *Traité du Lys, symbole
divin de l'Esperance, contenant la juste
defense de sa gloire, dignité, & preroga-*

tives. Ensemble les preuves irreprocha-
bles que nos Monarques François l'ont
toûjours pris pour leur Devise en leurs
Couronnes , Sceptres , & vestemens
Royaux , en leurs Ecus & Estendars
jusques à present. Il employe les cinq
premiers Chapitres de cét Ouvrage à
expliquer onze Medailles, où il pretend
qu'il y ait des Lys pour figurer l'Esperance. Et il en employe douze autres à
prouver que les Fleur-de-lys sont les anciennes Armoiries de nos Rois.

Comme il y a un peu d'aigreur en ce
Traité , il obligea Monsieur Chifflet
d'en faire un nouveau sous ce titre , *Li-*
lium Francicum , veritate Historicâ ,
Botanicâ , & Heraldicâ illustratum ,
dans lequel il refute ce que Monsieur de
S. Amant avoit écrit contre luy en son
Traité du Lys , symbole divin de l'Esperance. Ainsi la moitié du Traité n'est
qu'une contestation sur les Medailles
expliquées par Monsieur de S. Amant.
En suite il refute les diverses Fables inventées à l'occasion des Fleur-de-lys , &
en attribuë l'origine à Loüis le Jeune.

On ne peut nier que Monsieur Chifflet ne fut sçavant dans l'histoire , &

qu'il n'euſt des connoiſſances fort étenduës à l'égard des ttemps, moyens, &
de ces ſiecles obſcurs, qui n'ont pas encore eſté bien developpez. Mais il eſtoit
de ces eſprits prevenus, dont la paſſion
gauchit les lumieres, & détourne le ju-
gement. Ils ne voyent pas les choſes
comme elles ſont ; ils les voyent comme
ils veulent les voir, & ſe trompent eux-
meſmes, parce qu'ils veulent ſe trom-
per. Monſieur Chifflet s'eſtoit perſuadé
qu'il ne pouvoit mieux faire ſa Cour auprés de ſes Maiſtres qu'en deprimant la
gloire de la France, & le ſuccez de deux
Ouvrages de cette nature qui avoient
ſervy à élever deux hommes de la pouſ-
ſiere, luy firent croire qu'il pouvoit s'a-
vancer par la meſme voye, cela luy fit
entreprendre de détruire, oû d'ébranler
ce qui paroiſſoit avoir plus d'éclat parmy
nous ; La Loy Salique, la ſainte Am-
poulle, les Fleurs-de-lys, les Droits &
les pretentions de la Couronne. Je le vis
peu d'années devant ſa mort, & comme
il eſtoit homme de reputation & de ſçavoir, je fus bien aiſe de le ſonder autant
que je pouvois. Je vis ſes livres, & par
quelques Manuſcrits qu'il me communi-

niqua , je connus qu'il ne procedoit pas
de bonne foy en toutes choses , puisqu'il
n'avoit pû s'empescher d'effacer divers
endroits qui favorisoient la France , &
d'ajoûter aux marges de petits mots in-
jurieux. Je luy parlay à dessein de Monsieur de S. Amant , de Monsieur le Tan-
neur , de M. Blondel , & des autres illustres
avec qui il avoit eu des demélez , & il
se contentoit de me dire que c'estoient
des fols. Je connus mesme que l'estime
que cinq ou six de nos Sçavans faisoient
de luy , & le commerce qu'ils entrete-
noient par lettres avec luy l'avoient un
peu entesté de son merite. Il avoit des
opinions particulieres qu'il vouloit que
l'on receut comme des oracles , sans qu'il
se donnât la peine de les établir. Par
exemple , il s'estoit persuadé que le Sautoir des Armoiries estoit le *Labarum* de
Constantin , & que ce mot venoit de
salutare. J'eus beau luy representer que
l'on n'avoit jamais entendu la Croix par
ce mot de *salutare* , mais J. C. & le salut
viderunt oculi mei salutare tuum , dit
le saint vieillard Simeon , *videbit omnis
caro salutare Dei* , dit saint Jean Bapti-
ste , *Et exultavit spiritus meus in Deo*

salutari meo, dit la sainte Vierge. J'eus beau luy dire que le Sautoir ne fut jamais nommé en latin *salutare*, & que les Espagnols le nommoient *Aspa*, il fallut ceder par complaisance pour avoir paix avec luy. Enfin je reconnus que sa Devise du Serpent de ses armoiries, avec ce mot *Avia peragro loca*, luy convenoit fort bien, & qu'il n'aimoit pas les grands chemins. Je ne serois pas descendu à ces particularitez, si je n'estois obligé pour l'interest de nostre Nation, de faire connoistre avec quel esprit il a écrit. D'ailleurs il avoit du merite, & à cela prés qu'il estoit plus Espagnol que les Espagnols naturels, il estoit tres-honneste homme, & les Ouvrages qu'il a donnez au Public, joints à ceux de ses Freres, & de ses Enfans, font voir que ce nom a produit d'excellens hommes.

Le P. Ferrand ayant receu quelque déplaisir d'un Frere de Monsieur Chifflet qui l'avoit un peu mal-traité, à l'occasion de la vie de S. Ferrand qu'il avoit publiée, en déchargea ses ressentimens sur Monsieur Chifflet, & sous pretexte de la defense des Fleurs-de-lys, le traita

d'ennemy declaré contre la France, &
témoigna un peu d'aigreur dans son Ouvrage qu'il intitula, *Epinicion pro liliis.*
Il a ramaſſé dans ce Traité tout ce qu'on
a dit des Fleurs-de-lys, il a copié Rouſ-
ſelet, Taraut, Monſieur S. Amant,
Broverus, & quelques autres Autheurs.
Il a cité des Monumens qui ne ſont pas
irreprochables, & ſon Ouvrage, où il y
a quantité de bonnes choſes n'eſt pas
d'ailleurs des plus exacts.

Enfin il a paru en meſme-temps depuis deux mois deux autres Traitez des
Fleurs-de-lys. Celuy de M. de la Roque,
& celuy de Monſieur de Sainte Marthe.
Le premier a ce titre, *Traité ſingulier
du Blaſon contenant les Regles des Armoiries, des Armes de France, & de leur
Blaſon, ce qu'elles repreſentent, & le
ſentiment des Autheurs qui en ont é-
crit.*

Cét Ouvrage a ſeize Chapitres, dont
le premier contient diverſes opinions ſur
le temps qu'on a commencé à porter des
Armoiries. Les ſix qui le ſuivent établiſ-
ſent divers ſentimens de ceux qui ont at-
tribué à la France, trois Croiſſans, trois
Couronnes, un Navire, la Pile, & la

Croix, un Lion, un Dragon, un Aigle, un Bœuf, des Abeilles, une Alloüette, & trois Crapaux pour ses anciennes Armoiries. Le vii. & le viii. sont des Fleurs-delys, des Sceptres fleuronnez, & des Dards François en forme de Fleur-de-lys. Le ix. est des symboles personnels de nos Roys, de leurs supports, & des differences des puisnez. Le x. depuis quel temps les Fleur-de-lys sont hereditaires. L'xi. le xii. & le xiii. sont la description de plusieurs Sceaux, Medailles, Monnoyes, Drapeaux, Effigies, Statuës, Tombeaux, où-on void des Fleur-de-lys. Le xiv. traite de la reduction des Fleur-de-lys à trois, & de celles qui sont semées. Le xv. recherche à quel titre plusieurs familles portent des Fleur-de-lys. Enfin le xvi. Chapitre est la conclusion de tout l'ouvrage.

Ce Traité est plein d'érudition & de recherches, mais il ne détermine rien précisément, & pour établir l'ancienneté des Armoiries attribuées aux Roys de la premiere Race, il n'y a que des Autheurs de deux cents ans, qui ne peuvent faire de foy pour une si haute antiquité.

Monsieur de Sainte Marthe a suivy
une

üne maniere plus ferrée, en fon Traité Hiftorique des Armes de France & de Navarre, & de leur Origine. Il commence d'abord par l'Eloge des Lys des jardins. En fuite dequoy il traite de l'origine des fleurs de lys, & divife en trois Claffes tous ceux qui en ont parlé. Les premiers font ceux qui ont écrit des fables fur ce fujet. Les feconds, ceux qui fans fondement ont avancé beaucoup de chofes en faveur de la France. La troifiéme, de ceux qui ont rapporté les chofes vray-femblablement felon la verité de l'Hiftoire. Il tient que les Lys n'ont pris leur origine & leur naiffance qu'au commencement de la troifiéme Race, & rapporte des chofes curieufes fur les fceaux de nos Rois, il examine en fuite leurs Tombeaux. Enfin il conclud qu'il faut attribuer l'origine des fleurs de Lys au Roy Louis VII. furnommé le Jeune.

Voilà ce que les Autheurs ont écrit des Armoiries de ce Royaume. Il conviennent tous en ce poiut, que ce font des fleurs de lys à prefent, quelque devife ou quelque fymbole que nos Roys de la premiere & de la feconde Race ayent pû avoir auparavant. Et leurs con-

A a

teſtations conſiſtent à ſçavoir ſi ces
fleurs de lys ſont des lys de jardin, des
bouts de Sceptres, des pertuiſanes Fran-
çoiſes nommées *Franciſes*, ou des Pa-
villées, & en quel temps nos Rois ont
commencé à ſe ſervir de ces deviſes ou
armoiries. Ce ſont ces deux meſmes
choſes que j'entreprens d'examiner. Et
quant à la premiere.

Je dis que les Armoiries de nos Rois
ne ſont ny lys de jardin, ny bouts de
Sceptres, ny Pertuiſanes, parce qu'aucun des anciens autheurs ne les a jamais
ainſi nommées. Ceux qui en ont écrit
les premiers ne les nomment jamais ſim-
plement lys, mais *Fleurs-de-lys*.Rigor-
dus dit *videant ſignum Regale videlicet
floribus lilij diſtinctum*. Guillaume Nangis. *Conſueverunt Reges in ſuis armis
& vexillis*florem lilij *depictum cum tribus foliis comportare*. Nous les nômons
ordinairement *fleurs-de-lys*, & les autres nations ont retenu ce meſme nom.

Les Anglois les nomment *Flowerdeli-
ces*, Jean Gwillim pourſuivant d'armes
en ſon *diſplay of Heraldrie*, dit *The
Flowerdelice is of moſt eſteeme, having
beene from the firſt bearing, the charge*

*of a Regall Escocheon, originally borne
by the* French *Kings.*

Les Italiens les nomment *Fiordalisi.*
Iean Villani en son Histoire parlant
des Armoiries de nos Rois , dit, *Porta-
ron l'arme campo azuro, e fiordalisi d'o-
ro.* Dante au chant 20. du Purgatoire
parlant de l'entrée de Nogaret, qui avec
Sciarra Colonna arresta le Pape Boniface VIII. à Anagnie dit.
Veggio in Alagna intrar lo Fiordaliso.
Les Espagnols les nomment *Flordelises.* Barnabé Moreno de Vargas en ses
discours de la Noblesse , dit que les
Fleurs-de-lys que portent plusieurs maisons Nobles d'Espagne sont des concessions de nos Rois. La Fleur-de-lys estant la plus ancienne devise de la France. *Las* Flordelises *que muchos en España traën en sus escudos, procedieron
de mercedes y gracias que los Reyes de
Francia hizieron a algunos Españoles
que valerosamente le sirvieron, o por
otra causa procedida de la misma casa
Real de Francia, adonde es antiquissima
esta divisa.* Il ne donne point d'autre
nom que celuy de Flordelises *aux Armoiries des Maldonados , Aldanas*

A a ij

Narvaës, Portas, de Niño, de Alvara-
do, &c. *traën cinco Flor de lifes en Afpa.*
Ils portent cinq Feurs-de-lys en fautoir.

Les Portugais les nomment *Flores
de lys.* Brandão blafonnant les Armoiries des Nettos qui portent parti de
gueules & d'azur au Lion d'or armé d'argent à la bordure d'or chargée de quatre fleurs-de-lys, & de quatre fueilles
de Figuier, dit, *O Efcudo partido em
palla, vermelho & Azul, & fobre tu-
do hum Leão de ouro rompente, arma-
do de prata, & huã bordodura de ouro
con quatro Flore de lys & quatro fol-
has de figueira.*

Les Flamans les nomment *Lißlome,*
c'eft à dire Fleurs de lys. Or je dis que
nous ne nommons pas les Lys de jardin
Fleurs de Lys, comme nous ne nommons pas les Rofes *fleurs de Rofes,* ny
les Tulipes *fleurs de Tulipes.* Nous ne
nommons de cette forte que les fleurs
qui viennent de certains endroits, comme les fleurs de Conftantinople, les
fleurs de Rome, ou celles qui viennent
des plantes dont l'ufage eft plus commun que celuy de leurs fleurs, com-

me nous difons fleurs de Geneft, fleurs de Mauves, parce que les fueilles fervent plus que les fleurs, ou celles qui se changent en fruits, comme les fleurs de Pefches, fleurs d'Oranges, fleurs de Grenades, &c.

Les Anglois nomment les lys de jardin *of Lillies*. Les Italiens *Gigli*. Les Efpagnols *Azuçenas*, *&* *Lirios*. Donc les fleurs de lys ne font pas lys de jardin.

Secondement les lys de Jardin n'ont ny la forme, ny la couleur de nos fleur de lys, comme Monfieur Chifflet a remarqué *Francorum quæ vulgo lilia vocant, aurea funt, vulgare autem lilium candore excellit*. Il ne fert de rien de dire qu'en Armoiries on change les couleurs des chofes, puifqu'on y void des lions d'azur, des lions de vair, & des lions d'hermine qui n'ont jamais efté en nature, la blancheur eftant ce qu'il y a de plus recommandable dans les lys. Si nos fleur de lys eftoient de veritables lys, il y a apparence qu'on leur auroit confervé leur couleur naturelle, principalement en un temps où l'on n'avoit pas befoin de

les diftinguer d'autres couleurs comme
on a efté obligé de faire pour les lions,
& les autres figures plus frequentes
dans les Armoiries , ce qui a fait auffi
en Blafon des fleur de lys de toutes
couleurs pour la diftinction des famil.
les.

Troifiémement en Armoiries nous
diftinguons les lys de jardin des fleurs
de lys , & quand nous blafonnons les
Armoiries d'Anjorant, des Fevres d'Or.
meffon , de Poligny , des Jollys de
Bourgogne , &c. nous difons.

Anjorant d'or à trois lys de jardin
d'argent tigez & fueillez de finople.

Le Févre d'Ormeffon , de mefme.

Poligny , d'azur à trois lys d'or .ti.
gez de mefme iffans d'un vafe ou pot
de mefme.

Ioly , d'azur à trois lys de jardin d'ar.
gent mouvans d'une mefme tige, quel.
ques-uns fement l'azur de lys d'argent
fouftenus de tiges de finople.

Aprés cela je dis que nos fleurs de
lys, font des Iris, flambes, ou pavil.
lées.

Premierement parce que *fleur de lys*
eft leur nom propre. Les Anglois nom.

ment l'onguent qui se fait de cette fleur *an oyntement made of the floure de luse*, *vnguentum quod ex iride fit.* Et Ambroise Calepin rapportant les noms que diverses Nations donnent à l'Iris ou glayeul dit *Iris*, Anglicè *flour de luse*.

Jean Vvillim autheur Anglois décrivant les Armoiries de l'illustre Chevalier Henry Fanshavv dit *He beareth or a cheveron Betvvene three Flovvers de lice sable.* Il porte d'or au chevron de sable accompagné de trois fleur de lys de mesme, & il ajoûte *This flovver is in Latine called iris forthatie sonevvhat resemblet the colour of the Rainebovv.* Cette Fleur se nomme en Latin *Iris*, à cause de la ressemblance qu'elle a avec l'arc-en-ciel. Il dit en suite que quelques François la confondent avec le lys de jardin, *some of the french confound this Vvith the lily, sect. 3. chap. X. a display of heraldrie.*

Les Italiens la nomment *Fioraliso* le Dictionnaire de l'Academie de la Crusca, dit, *Fioraliso fior campestre di color azurro, di tanè e di Bianeo.* Il se trompe quand il le nomme en La-

tin *Cyanus* qui est le nom de l'Aubi-
foin qui n'a point d'autre couleur que
la bleuë dont il est nommé *bluet* &
κυάνεος en Grec.

Dante represente les vingt-quatre
Vieillards de l'Apocalipse, couronnez
de ces fleurs au chant 29. du Purgatoire.

Coronati veniendi Fiordaliso.
Secondement la figure de ces fleurs
est la mesme que celle de nos fleurs de
lys. Dodone les décrit de cette sorte
Constant flores senis potissimùm foliolis,
quorum tria deorsùm repanda arcus
modo reflectuntur, alia tria sursùm, &
contrà se mutuò curvantur. Dodon. l.
3. *Pempt 3. c. 1. de iride.* J'en donne la
figure telle que cet Autheur l'a donnée
en son impression d'Anvers de l'an
1616. page 232. sous le titre d'Iris
minor. C'est la mesme figure que celle
des fleurs que tiennent en leurs mains
Philippe Auguste, Louis VIII. Pere
de saint Louis, & Saint Louis dans les
sceaux que du Tillet a donnez.

Troisiémement la couleur est la mesme, puisqu'il y a des flambes jaunes
comme ont remarqué tous ceux qui

en

en ont écrit. Dodone décrivant la petite flambe, dit, *Flos ejusdem cum aliarum formæ, sed minor paulò ; colore vel luteo languescente*, voilà la couleur de l'or, *vel cæruleo, eoque saturato, aliàs diluto*.

Quatriémement le nom de *flambes* que l'on donne à ces fleurs, a fait donner anciennement le nom d'Oriflambe à la banniere Royale que nos Rois faisoient porter devant eux dans les guerres, parce que cette banniere estoit semée de fleurs de lys, ou flambes d'or.

Je trouue dans nos Autheurs deux sortes d'Oriflames, ou d'Oriflambes. La banniere de saint Denys, & la banniere Royale.

La banniere de saint Denys se nommoit Oriflame, ou Oriflambe, d'*Auriflammeum*. *Flammeum*, chez les Latins estoit un voile de couleur jaune, ou rouge, & ceux qui teignoient en écarlate sont nommez chez Pline *Flammearii*. Or la banniere de saint Denis estoit rouge, pour representer le sang des Martyrs, ou plustost celuy de JESUS-CHRIST, puisque les anciens gonfannons d'Eglise estoient tous

B b

de cette couleur. Guillaume Guiart l'a
décrite en ses Royaux lignages.

Oriflambe est une banniere
Aucun poi plus forte que quimple
De cendal rouioyant & simple,
Sans portraiture d'autre affaire.
Li Rois Dagobert la fit faire,
Qui saint Denys ça en arriere
Fonda de ses rentes premieres
Si come encore appert leans,
Es chappleis des mescreans
Devant luy porter la faisoit
Toutefois qu'aler li plaisoit,
Bien attaché en une lance,
Pensant qu'il eut remembrance,
Au raviser le cendal rouge,
Ou la mort pot au Fils Dieu plaire,
Pour nous des peines d'enfer traire,
Et quelque part qu'il venist
De son cher sang li souvenist,
Qui en terre fut épandu,
Le iour qu'on l'ot en croix pendu
Et qu'il eust en l'égardant
Cuer de sa foy garder ardent.
Ci Rois qui ainsi en vsa,
Maint orgueilleux ost reusa,
Et vainquit mainte fiere emprise
Par luy fut à saint Denis mise,

Li Moine en leur trefor l'affiftrent
Si fuccessseur aprés li priftrent.

La lance à laquelle eftoit attaché ce gonfanon eftoit dorée , ce qui fit nommer cette enfeigne *Auri flammeum*, Oriflame, Guillaume le Breton en fa Philippeide l. 2.

> *Vexillum fimplex , cendato fimplice*
> *textum*
>
> *Splendoris rubei, letania qualiter uti*
> *Ecclefiana folet, certis ex more diebus*
> *Quod cùm flamma habeat vulgari-*
> *ter aurea nomen.*
> *Omnibus in bellis habet omnia figna*
> *præire.*

On a auffi nommé l'Oriflame de S. Denis du nom de *Montioye faint De-nys* , parce qu'en vieux langage une montjoye eftoit l'enfeigne des chemins , particulierement des chemins qui menoient aux lieux Saints. Prés de S. Pierre de Rome il y avoit une montjoye de cette forte , par laquelle les Pelerins connoiffoient qu'ils eftoient prés de cette E-glife. Othon de Frifingen dit que ce fut par là que Frideric I. entra dans Ro-me, *Rex caftra movens armatus cum*

suis per declivum montis gaudii def-
cendens, ea porta quam auream vo-
cant, Leoninam Vrbem, in quâ B. Pe-
tri Ecclefia fita nofcitur intravit Les
Tours qui eftoient fur les grands chemins eftoient nommées les Tours de
Montjoye, côme les croix qui font fur le
chemin de Paris à S. Denis font nommées les *Montjoyes* de faint-Denys,
Alain Chartier nomme le chemin de
l'honneur, *la droite Montioye de l'hon-*
neur, & les marques de douleur *Mont-*
joye de doulours. Ces Montjoyes
eftoient de petits monceaux de pierres
fur lefquels on mettoit des croix, ou
des faiffeaux d'herbes, ou autres chofes
femblables pour marquer les chemins.
Les Pelerins les nommoient *monjoye,*
montes gaudii, parce que quand ils les
apperçevoient ; ils commençoient à fe
réjoüir d'eftre arrivez aux lieux qu'ils
cherchoient. Ainfi le cry de *montioy*
faint Denys ne fignifioit autre chofe
finon qu'il falloit fuivre la banniere
faint Denys, qui conduifoit la marche de l'armée, & que c'eftoit fous
l'enfeigne faint Denis qu'il falloit fe

tallier. J'en parleray plus amplement
en parlant du cry de guerre.

L'Oriflambe estoit aussi la banniere
Royale semée de fleurs de lys, ou de
flambes d'or Monstrelet 1. vol. chap.
71. en une patente de Charles V I. dit
le signe Royal qu'on nomme l'Ori-
flande. On les a souvent confondües
toutes deux. Du Tillet au traité de l'ex-
traction & remise des corps Saints,
oriflamme & foire du Lendy saint Denis en France, dit que le Roy Philippe
Auguste bailla l'Oriflambe pour la bataille du Pont de Bovines à Messire
Gilles de Montigny pour sa vertu, encore qu'il fut pauvre Chevalier.

Philippes Mousck qui vivoit du
temps de saint Louis a écrit la mesme
chose.

Si a fait bailler ésramment
L'Oriflambe de saint Denise
A un Chevalier par devise,
Vvales de Montigny ot nom
Qui moult estoit de grand renom.
Or ce Vvales de Montigny porta la
banniere de France semée de fleurs de
lys. *Signum regale, vexillum scilicet*

floribus lilii distinctum, *ferebat Gilo de Montiniaco*, & Guyart témoin oculaire parlant du mesme Montigny, dit

> Galon de Montigny porta,
> Ou la Chronique faux m'enseigne,
> De fin azur luisant l'enseigne
> A fleur de lis d'or aornée,
> Prés du Roy fut celle iournée
> A l'endroit du riche estendard.

Dante au chant 31. du Paradis nomme la sainte Vierge, *Oriafiamma pacifica*, Oriflambe de paix, parce que l'Oriflambe est l'iris, & l'iris le symbole de la paix. Aussi Christofle Landino l'interprete de la qualité de mediatrice qu'à la sainte Vierge auprés de Dieu, *perche l'ardentissima Carità di Maria fù mediatrice à riconciliare l'huomo à Dio*, uoilà donc l'iris nommée Oriflambe, *Oriafiamma*. On ne sçauroit donner d'autre sens à ces paroles du Dante, & nous ne sçaurions concilier ce que nos Autheurs ont écrit si diversement de l'Oriflame que les uns disent que l'on ne portoit que contre les infideles, & les autres montrent ouvertemét que l'on la portoit en toutes les guerres côtre les Anglois, les Flamans, & les autres, & ce qu'ont dit quelques-uns qu'elle avoit esté perduë en une bataille contre les Flamands, tandis que les autres en font mention plusieurs années aprés : si nous ne reconnoissons qu'il y avoit *Oriflame* & *Oriflambe*, & qu'on a souvent confondu l'une avec l'autre.

L'une est appellée l'Oriflame, du Roy, & l'autre celle de S. Denis. Gilles de Roye parlant de la bataille de Montcassel, dit, *ordinavit decem acies, in quarum media scilicet in quinta Rex erat armatus, & antè ipsum quatuor vexilla cæteris altiùs elevata in quorum medio eminebat Olaflamma Regis.* Il dit aprés que le Roy aprés la bataille offrit son oriflambe à saint Denis. *Postea Rex Franciæ ad S. Dionisium venit, & obtulit oliflammam suam quâ contra Flamingos usus fuerat.* C'est cette Oriflambe qu'il alla reprendre à saint Denis quand il voulut secourir Calais contre les Anglois. *Philippus Francorum Rex Oliflammam suam apud S. Dionysium accepit & congregato exercitu, venit ad succursum illorum de Calesia à Rege obsessorum.* B b iiij

L'Oriflambe Royale est appellée par quelques Romanciers, *l'Oriflambe Karlin*, parce que c'estoit l'opinion commune du temps des guerres de nos Rois avec les Anglois que cette banniere avoit esté autrefois envoyée du Ciel à Charlemagne. Dans le Roman de Guiteclin il est dit.

> *Mainte enseigne y baloie de soye tain-*
> *te en grene,*
> *L'Oriflambe Karlin est devant pre-*
> *mieraine.*

Et dans un autre.

> *Les enseignes de soye vont avant*
> *boloiant,*
> *L'Oriflambe Karlin ou premier chef*
> *devant.*

La vieille Chronique nomme cette banniere Royalle, LIFLAMBE. *Lors le Roy qui avoit sa ferme creance fit pren-dre sa Liflambe, qui est la banniere, où les armes furent muées, & icelle mettre devant soy.* Liflambe est le lys Flambe ou Iris.

Nicolas Vpton Autheur Anglois qui vivoit l'an 1428. & qui se trouva au siege d'Orleans avec Thomas de Montaigu Comte de Sarisbery dit au livre troisiéme de son traité *de Milita-ri officio*, au Chapitre *de Colore palli-do sive azorio. Iste color fuit olim à Deo missus per Angelum Karolo ma-gno Francorum Regi tanquam pro sub-jecto ac campo suorum armorum , vt patet in Cronicis. Detulit quidem An-gelus scutum cùm campo azorio , & tribus floribus gladioli coloris aurei.* Remarquez ces mots qui font voir que nos fleurs de lys sont des flambes , & non pas des lys de jardin. Il ajoûte un sens mystique à ces Armoiries quand il dit *significans quod dictus Karolus & omnes de sequela sua Reges Franciæ semper erunt in vindicta & ore gladii.*

L'occasion de cette fable fut que le Pape Leon III. recevant Charlema-gne à Rome, & le faisant Advoüé & défenseur de l'Eglise de saint Pierre, luy en fit presenter les clefs, & luy donna une banniere bleuë semée de fleurs d'or, comme l'on void encore en ce reste de refectoir, ou de sale de Charlemagne qui reste à saint Jean de Latran, & que le Cardinal François Barberin fit ré-tablir sous le Pontificat d'Urbain VIII. son Oncle, ou on void saint Leon qui

presente à Charlemagne cette banniere.
Comme elle estoit de couleur celeste,
on la nommoit *Vexillum cæleste*, &
comme d'ailleurs il la recevoit du Vicaire
de Jesus-Christ, il la receut comme un
present que Dieu luy mesme luy faisoit
par son Vicaire, & par l'Ange de l'Eglise.

Cette banniere Royale est encore
nommée *Oriflor* ou *Oriflour* dans les
anciens Romans. Dans le Roman de
Guiteclin.

Diolas, dit li Rois laisse ester ta fa-
lor,

Qui se croi en Iesu nostre bon Crea-
tor.

Se soigne je donray qui fu ton an-
cessor,

Portelque en bataille porteras l'O-
riflor.

C'est à dire qu'il luy donnera pour
enseigne, & pour banniere qui marche
devant luy les fleurs de lys.

Dans un autre il est dit des soldats.
Requourent celle part ou virent l'O-
rifleur.

C'est cette Oriflambe que Froissart
appelle la souveraine banniere de Fran-

ce quand il dit. vol. 1. ch. 64. à l'occasion de la bataille de Poictiers, *se
combattit vaillamment assez prés du
Roy Monseigneur de Chargny, si estoit
toute la presse sur luy, pource qu'il
portoit la souveraine banniere du Roy.*
Et peu aprés il dit, *fut occis Geoffroy
de Chargny la banniere de France entre
ses mains.*

Celuy qui a écrit la vie de Louis le
Ieune sous ce titre *gesta Ludovici VII.
Regis, filii Ludovici Grossi,* distingue
la banniere Royale de la banniere de
saint Denis, *illâ die faciebat antegar-
dam Gaufridus de Ranconio, unus de
Nobilioribus Baronibus Provinciæ Pi-
ctaviensis, qui gerebat Regis Baneriam,
quam præcedebat prout moris est vexillum beati Dionisii, quod Gallicè dicitur
Oriflambe. cap. 12.*

Ceux qui voudront s'instruire plus à
fond de l'Oriflame n'ont qu'à lire ce
que du Tillet en a écrit en son recueil
des Rois de France, leur couronne &
maison, Galland au traité des anciennes enseignes & estendards de France,
& Monsieur du Cange en sa Dissertation dix-huitiéme sur l'Histoire de saint

Louis du Sire de Joinville. Revenons à noftre fujet.

Cinquiémement ce qui fait voir évidemment que les fleurs de lys font des fleurs de ce nom, & les veritables flambes, font les Armoiries des *Torriani* de Milan, des *Delbene*, *Rinaldi*, *Bentacordi*, *Tanagli*, & *Barucci* de Florence, & des *Vvarchkoff* de Silefie qui portent deux de ces fleurs de lys tigées & arrachées mifes en fautoir, les *Vvernfdorf* de Silefie, & les *Bortfeldt* de Saxe les portent fimplement tigez & fans racine, les *Die Stromer* de Nuremberg en portent trois en cimier, & les *Die Doften*, *V Erelbache*, *V Vveichflitz* de Mifnie en portent cinq de mefme en cimier.

Sixiémement le nom de *fleur de lys* vient de *fleur de l'Iris*, la flambe eftant ainfi nommée *Flos iridis*. C'eft pour cela que la Ville de Florence en à une pour Armoiries, parce que l'Iris de Florence eft la plus celebre, comme Dodon le témoigne quand il dit. *Iris quæ hac ætate in Germania, & alibi reliquis præfertur Florentina cognominatur.* Cette fleur de lys de Florence eftoit autrefois blanche comme les Iris ; mais la faction Gibelline fut cause qu'on en changea la couleur. *I. Fiorentini elessero per arme della Cittadinanza il Fioraliso bianco in campo rosso, mà per distinguerlo dell'arme de Ghibellini cacciati di Fiorenza, perche non volsero concorrere alla guerra di Pistoia che dalla parte Ghibellina era difesa, fù l'anno 1251. dopo la morte di Federigo. 2. Imperatore mutato il Fioraliso bianco in rosso e il campo rosso in bianco, Agostino Masi nella descrittione delle Eseqnie di Ferdinando Gran Duca di Toscana.* La couronne du Grand Duc a pointes avec une seule fleur de lys, est une Iris ou fleur de lys entre ses glayeulx. Enfin l'Iris est une espece de lys, & c'est ce qui l'a fait confondre avec le temps avec les lys de Jardin.

CHAPITRE XIII.

*En quel temps les Fleurs de lys ont com-
mencé à estre la devise, & l'Armoirie des François.*

IL y a trois opinions differentes de
l'origine des Fleurs de lys à l'égard des
François. La premiere est de ceux qui
les attribuent aux Francs, qu'ils veulent avoir fait choix de l'Iris, Flambe,
Pavillée ou lys des marets pour marquer leur origine des marets de Frise.
La seconde est de ceux qui veulent
quelles ayent esté apportées du Ciel. Et
la troisiéme est de ceux qui en font
autheur, Louis le jeune Pere de Philippe Auguste, & bisayeul de S. Louis

Il n'y a que des conjectures pour établir la premiere de ces opinions, & ces
conjectures ne sont que des vraisem-
blances. Les Francs sont venus des Marets de Frise, la Fleur de lys est une Fleur
de Marets, elle peut donc estre le symbole des peuples venus de ces lieux. Ce
qui semble appuyer cette conjecture

est que les trois Nations qui sont sorties de ces lieux ont toutes trois des symboles, qui semblent marquer leur origine.
Les Frisons, & les Angriens ont des
fueilles de Nenuphar, qui est le lys des
Estangs, & les Francs, des lys de Marets.

Martin Hamçon qui a fait la description de la Frise, dit en citant Cappidus
qui avoit écrit devant luy, *insigne Fri-
siorum ut Cappidus refert septem fuerunt
rubra nymphæa herbæ folia, in tribus
argenteis constitutæ trabibus, per scutum
cær uleum obliquè ductis.*

Il dit des Armoiries d'Angrie en son
Poëme.

*Angariam verè quam Dux subiecit
    Vdolfus,*
*Agnato in feudum Rex hinc Richol-
    dus Ebissæ*
*Tradidit arma addens Nymphæas
    Frisica ternas*
*Quæ sunt Angarica vel adhuc in-
    signia Terra.*

Hoepingus les nomme *Marina folia,*
& d'autres Autheurs Allemands *zée blat-
ter* qui est la mesme chose. Rien ne pouvoit mieux marquer l'humeur guerriere
des premiers François que ces fleurs

qui naiſſent parmy les glayeulx c'eſt à
dire parmy des fueilles, qui ſemblent
à des lames d'Eſpée. Pline meſme décrivant la maniere dont les Anciens
cueilloient ces ſortes de Fleurs, nous repreſente la façon dont nos premiers
Francs choiſiſſoient leurs Roys, & les
élevoient ſur des pavois, quand il dit
que devant que de cueillir ces Fleurs ils
faiſoient avec une épée trois cercles autour de la plante, & aprés l'avoir tirée
de terre ils la levoient vers le Ciel.
Circum ſcripto mucrone gladii orbe tri-
plici, & cum legerint eam protinus in
cælum tollunt lib. 17. c. 7.

Les plus anciennes figures de nos Rois
la portent en forme de ſceptre, parce
que de toutes les Fleurs elle eſt la plus naturelle à faire un ſceptre, ayant une
longue tige ſommée d'une Fleur ; ce
qui a fait dire à Dodon que comme
les Anciens donnoient le nom de Maſ-
ſes aux tiges des joncs, ils donnerent
celuy de ſceptres aux tiges des Fleurs de
lys. *Galliæ rura Maſſas dixerunt,*
quod ſceptra Regum Maſſas vulgò di-
ctas perpolitus caulis lanoſa floccorum
denſitate ſummatim faſtigiatus æmule-
tur

tur. L. V. Pempt. 4. c. 28 de Typha Pa-
lustri.

Ces fleurs ont aussi servy aux Couronnes, témoin ce vers du Dante.

Coronati venien di fiordaliso.

Il ne faut donc pas s'estonner de voir
des images des Roys de la premiere &
de la seconde Race avec des Sceptres
& des Couronnes Fleurdelisées. Car de
dire comme ont fait quelques-uns, que
ces images ne sont pas anciennes, c'est
le dire gratuitement, & il n'y a pas apparence que l'on ait agy de concert pour
renouveller ces images en tous les endroits où elles se trouvent avec des ornemens de cette sorte.

La seconde opinion qui les fait venir
du Ciel, a si peu de fondement, qu'il s'en
est fait trois sentimens bien differens.
Gerson en ses vers sapphiques des Fleurs-
de-Lys, dit que c'est Saint Denis qui
donna les Fleurs-de-Lys à la Maison de
France.

Lily flores Dionysus olim
Franciæ fertur domui dedisse,
Cujus obtentu precibusque dignis
        Lilia crescant.

Nicolas Vpton dit que ce fut à Char-

lemagne qu'un Ange les apporta. Et la
plus commune opinion de ceux qui les
tiennent venuës du Ciel, difent que ce fut
apres le baptefme de Clovis qu'un Ange
les apporta à un Hermite. Nicole Gilles raconte la chofe en ces termes.

On lit en aucunes écritures qu'en ce
temps avoit un Hermite prud'homme,
& de fainte vie, qui habitoit en un bois
prés d'une fontaine, au lieu qui d'a-
prefent eft appellé Ioyeenval en la Cha-
ftellenie de Poiffy prés Paris : auquel
Hermite Clotilde femme du Roy Clovis
avoit grande fiance, & pour fa fainteté
le vifitoit fouvent, & luy adminiftroit
fes neceffitez. Et advint un jour que ledit Hermite eftant en oraifon un Ange
s'apparut à luy, en luy difant qu'il fit
rafer les armes des trois croiffans que
ledit Clovis portoit en fon Ecu Combien
qu'aucuns difent que c'eftoient trois
crapaux, & au lieu d'iceux portaft un
Ecu dont le champ fut d'azur femé tout
de Fleurs-de-Lys d'or : & luy dit que
Dieu avoit ordonné que les Rois de
France por affent d'orefnavant telles armes. Ledit Hermite revela à la femme
dudit Clovis fon apparition, laquelle in-

continent fit effacer lefdits trois croiffans
ou crapaux , & y fit mettre lefdites
Fleurs-de-Lys , & les envoya audit
Clovis fon mary , qui pour lors eftoit
en guerre contre le Roy Andoc Sarazin
qui eftoit venu d'Allemagne à grande
multitude de gens parties de France , &
avoit fon fiege devant la place de Con-
flans Sainte Honorine prés Pontoife.

Il me paroift inutile d'entreprendre de
refuter cette tradition , qui n'eft appuyée
d'aucun Autheur ancien , Gaguin avouë
de bône foy qu'il ne l'a trouvée écrite en
aucun lieu , mais qu'il ne laiffe pas de la
donner fur le bruit commun. *Non præ-
teribo huic loco adiicere quod nullo certo
authore , fed perfeverante ad hanc
meam ætatem famâ vulgatum accepi,
fuiffe Regibus Francis Buffones tres
nobilitatis quidem infigne, fed Clodovæo
Chriftianis facris initiato demiffum
cœlo effe, id quod nunc Reges geftant,
lilia aurea , quibus fubeft Cœli fereni
color , quem azurum Franci dicunt.*

N'eft-ce pas une chofe étrange de
voir que ceux qui tiennent pour cette
opinion , n'apportent pour l'établir que
des Autheurs qui vivoient il n'y a pas

deux cens ans. Tritheme , Nicole
Gilles, Gaguin , Paul Emile , & de
bien plus recens , Gorope Becan ,
Chasseneu , Pierre Gregoire , Naucler,
Crusius , Agrippa, Stumpff, &c. Quelle
foy nous peuvent faire d'une chose que
l'on pretend arrivée depuis plus d'onze
cens ans, Fauyn, le P. de Varennes , le
P. Petra-sancta, Louvan Geliot, Vul-
son la Colombiere , Charles Segoing,
& je ne sçay quel miserable Autheur
d'une Methode Royale & Historique
du Blazon? Aucun des Autheurs anciens
que M. du Chesne a ramassez en cinq
volumes , n'a parlé de cette tradition.

Elle ne passe pas aussi le Regne de
Charles VI. qui fut le temps de la plus-
part des fictions qui se firent sur ce sujet.
Trois choses contribuerent à establir
cette creance. Le Champ de nos Fleurs-
de-Lys qui est d'azur ou de couleur Celeste. Le nom de la Flambe ou Fleur-
de-Lys que les Italiens nomment *Gi-*
glio Celeste , & les Allemans *Himmel*
Schwerfel. Et la Devise du Roy Charles VI. qui estoit un Soleil d'or , & un
Ciel rayonnant. Ce Prince prit cette devise pour les joustes qui se firent à l'en-

trée de la Reine Isabelle de Baviere son
épouse dans Paris. Froissart décrit la
decoration des portes de Paris au jour de
cette Entrée. *Si estoit haut le Ciel &*
aorné moult richement des armes de
France & de Baviere à un Soleil d'or
resplendissant, & donnant les rais, &
le Ciel d'or rayant estoit la devise du
Roy. Il dit de la seconde porte. *Là avoit-*
on ordonné comme à la premiere porte,
un Ciel nüé & estoilé tres-richement, &
Dieu par figure seant en Majesté le
Pere, le Fils & le Saint Esprit, & là
dedans le Ciel petits enfans de chœur
chantoient moult doucement en forme
d'Anges, & ainsi que la Reine passa
dedans sa litiere sous la porte de Para-
dis, d'amont deux Anges issirent hors
en leur avalant, & tenoient en leurs
mains une tres-riche Couronne d'or,
garnie de pierres precieuses, & la mirent
les deux Anges, & l'assirent moult dou-
cement sur la teste de la Royne, en chan-
tant moult doucement tels vers.

    Dame enclose entre Fleurs-de-lys,
    Roine, estes vous du Paradis,
    De France & de tout le pays
    Nous en rallons en Paradis.

La troisiéme opinion qui est celle
des sçavans, qui veulent des preuves,
& des témoignages des choses que l'on
allegue, est que c'est Louis VII. surnommé le Jeune, qui prit le premier des
Fleurs-de-Lys pour Armoiries, par allusion à son nom, parce qu'il se nommoit
Loüis Florus. Il n'y a qu'Orderic Vital
qui ait donné ce nom de Florus à Louis
VII. sans en dire l'occasion. Il est certain que ce Prince n'eut pas ce nom au
Baptesme, mais que ce fut un surnom
comme celuy de *Thibaut* ou de *Gros*,
que l'on avoit donné à son Pere, parce
qu'on nomme ceux qui sont extraordi-
nairement gros, de *Gros Thibauts*.
Aussi Orderic Vital parlant de ce Loüis
le Gros qui fut Loüis VI. fils de Philippes I. dit, *Philippus Rex anno Regni sui*
48. 4. Kal. Augusti mortuus est, in cœ-
nobio S. Benedicti apud Floriacum, sicut
ipse optaverat inter chorum & altare
sepultus est. Sequenti autem Dominico
Ludovicus Theobaldus filius ejus Au-
relianis inthronisatus est.....hic Adelai-
dem filiam Humberti Principis intermon-
tium duxit vxorem, quæ peperit ei qua-
tuor filios, Philippum, & Ludovicum

Florum , *Henricum & Hugonem*. Le mesme Autheur dit en un autre endroit de Louys le Gros. *Filio suo Ludovico Floro Regnum Galliæ commisit , quem antè triennium Regem Rhemis constituerat.*

Plusieurs choses ont pû faire donner ce nom à ce Prince. 1. Sa beauté & sa bonne mine , qui a fait dire à l'Autheur de la Chronique de Moriniac, au commencement du livre 3. *Ludovicus juvenis erat corporis elegantiá clarus, morum honestate, & Religione magnificè præditus, sensus, & sapientiæ vivacitate acutus. Hunc ut ità dicam , sapiens ille artifex , inter alios coætaneos suos, quasi flosculum redolentiorem protulerat , qui futuri in se valoris in ipsâ prima ætatis teneritudine jam manifeste indolem præferebat.*

La seconde qui a plus d'apparence, est que le Pape Alexandre III. estant venu à Paris salüer ce Prince, & s'y estant trouvé le quatriéme Dimanche de Caresme , benit selon la coûtume de l'Eglise Romaine, la Rose d'or & la donna à ce Prince qui la porta depuis. L'histoire du Monastere de Vezelay écrite du temps de ce Prince, dit, *Alexander autem Catholicus Papa veritus indignationem Regis Ludovici transiit in Aquitaniæ Metropolim urbem Bituricorum, & in Dolense Monasterium quod est apud castrum Radulphi, ibique hyemavit. Et sequenti tempore Quadragesimæ accessit ad Ludovicum Regem in urbe Parisiorum. A quo susceptus honorificè secundum morem Romanæ Ecclesiæ portavit ipsi Rosam auream Dominicâ quâ cantatur Lætare Jerusalem.*

On le nommoit donc au commencement Loüis le Jeune, pour le distinguer de son pere Loüis le Gros, du vivant duquel il fut sacré & marié. Et aprés à l'occasion de cette fleur d'or qu'il portoit, on put le nommer *Loüis Flore* ou *Loüis Flour*, selon le langage de ce temps là, comme on avoit nommé Hugues son quatriéme Ayeul *Cappet* à cause d'une sorte de chapeau qu'il portoit, & comme on nomma deux Comtes de Savoye, l'un *Comte Verd*, & l'autre *Comte Rouge*, parce qu'ils estoient d'ordinaire vestus de ces deux couleurs.

Ce Prince est representé en ses sceaux

avec

avec une fleur en une main & un fcep-
tre en l'autre, comme Philippe Augu-
fte, Louis VIII. & faint Louis le font
auffi. Il fit fon contrefeel d'une fleur de
cette forte, & peut-eftre en fema-t-il,
fa banniere Royale, comme il en fit fe-
mer tous les ornemens Royaux au fa-
cre de fon fils.

Le nom de rofe eft commun à toutes les fleurs, le lys eft appellé Rofe de
Junon par les Anciens, & j'ay vû des
rofes d'or beñites par les Papes qui
font de toute autre forme que les rofes,
ainfi celle qu'Alexandre donna à Louis
le Jeune pouvoit bien eftre de la forme
des flambes, puifque le Pape mefme la
nomme fimplement *florem aureum*.

Enfin les Armoiries ayant commencé à fe fixer environ le regne de ce
Prince, ou peu de temps auparavant, il
pourroit bien avoir fait de cette fleur
fon blafon, parce qu'on la nommoit
Flour de-Lys, & que luy fe nommoit
Flour-Lois. Ie dis qu'il pourroit l'a-
voir fixée pour les Armoiries de France eftant conftant qu'il y en avoit auparavant fur les fceptres, aux couronnes, & fur les habits de quelques-

D d

uns de nos Rois, comme j'ay remarqué
en un sceau de Philippe I Ayeul de ce
Louis le Jeune, qui est attaché à un acte
d'amortissement de l'Abbaye de saint
Martin de Pontoise, ce qui fait que
cette Abbaye porte aujourd'huy pour
Armoiries une Fleur-de-Lys semblable
à celle de Florence.

Il est donc vray de dire que devant
ce Roy on ne trouve aucune Fleur-de-
lys en Armoiries, parce que les Armoiries n'estoient pas en usage auparavant;
mais comme l'Aigle des Romains ne
laissoit pas d'estre leur devise avant l'u-
sage des Armoiries, la Fleur-de-lys
pourroit avoir esté l'ancienne devise des
François devant qu'elle en eust esté
le blason. Ce sont des conjectures que
je ne garantis pas, ne voulant pas confondre les choses qui ne sont que vray-
semblables, avec celles qui sont ap-
puyées d'un fondement plus solide. Il
reste à examiner si les autres devises
que l'on attribuë aux François ont esté
leurs anciennes Armoiries, & quelle a
esté l'occasion de les leur attribuer.

Tout ce qu'on a dit du lion dragon-
né qui étouffe vn aigle de sa queuë, du

Vaiſſeau, du Bœuf, des Abeilles, de l'Allouëtte, dont on a voulu blaſonner l'écu de France ſont pures reſveries qui ne meritent pas qu'on les refute. La premiere eſt une invention d'un Hunibaldus qui ne merite pas plus de creance: que le faux Beroſe, & Anne de Viterbe. Pour le Vaiſſeau, c'eſt ſans doute l'Armoirie de la Ville de Paris que l'on a voulu attribuer à tout le Royaume. Le Bœuf & les Abeilles de Monſieur Chifflet ſe détruiſent d'elles-meſmes, & tant de gens l'ont refuté, que je ne dois pas m'arreſter ſur ce ſujet. Il ne reſte donc qu'à examiner ſi les Crapaux, les Croiſſans, & les Diadémes ont eſté les Armoiries de France, comme Gaguin, Nicole Gilles, & Paul Emyle l'ont écrit.

L'opinion des crapaux n'eſt pas ancienne, & on ne trouvera aucun Autheur au deſſus de trois cents ans qui en ait parlé. Le plus ancien que j'aye pû trouver, eſt Nicolas Upton autheur Anglois, qui au livre 4. *de militari officio* au titre *de Botrace*, aprés avoir dit que le Seigneur de Botraux en Angleterre porte pour Armoiries d'argent à trois

crapaux de sable, dit *quæ quidem arma
olim portaverunt Reges Francorum*
Tous les autres Autheurs qui en par-
lent sont modernes, voicy l'occasion
de cette fable.

Le Roy Charles VI. ayant appris
les menées de Philippe d'Artevelle, qui
avoit soulevé les Flamans contre le
Comte de Flandres, & qui tenoit vne
partie de la Flandre, envoya des Com-
missaires pour pacifier toutes choses,
mais Philippe d'Artevelle s'estant mo-
qué d'eux, & des lettres qu'ils avoient
écrites à ceux de Gand, de Bruges, &
d'Ypre pour leur remontrer leur de-
voir, le Roy promit au Comte de venir luy-mesme en personne le remettre
dans ses Estats; *Beau cousin*, dit-il,
au Comte, *s'il plait à Dieu & à saint
Denis nous vous remettrons paisible en
l'heritage de Flandres, & abbattrons
tellement l'orgueil de Philippe d'Artevelle & des Flamans que iamais
n'auront puissance d'eux rebeller.* philippe d'Artevelle qui estoit au Siege
d'Audenarde *estoit tout informé com-
ment le Roy de France vouloit à puissance venir sur luy : mais par-sem-*

blant il n'en faisoit compte, & disoit à
ses gens par ou cuide celuy Roiteau
entrer en Flandres ? il est encore trop
ieune d'vn an, de nous cuider esbahir
par ses assemblées. Ie feray tellement
garder les passages & entrées, qu'il ne
sera point en leur puissance qu'ils se
voyent en cette année en Flandre deça
la riviere du Lys. Ensuite il envoya
garder tous les ponts & tous les passages de la Riviere du Lys, & dit en con-
tinuant ses railleries que les François ne
passeroient point le Lys à moins qu'ils
ne fussent *Crapaux*.

Cependant une troupe d'Escuyers &
de Chevaliers Flamans ayant trouvé
passage par le pont Amenin entrerent
dans la Flandre & ravagerent le pays,
mais les Flamans tandis qu'on rava-
geoit le pays allerent rompre le pont
que ces Chevaliers avoient manqué de
faire garder pour leur retour, & aprés
l'avoir rompu en divers endroits le
couvrirent de fumier aux endroits ausquels il estoit rompu. *Et veez cy Che-*
valiers & Escuyers, montez sur fleurs
de coursiers & de chevaux, qui trou-
verent hors la Ville plus de deux mil-

le hommes des Payfans , qui là fe te-
noient recueillis, & lefquels fe mettoient
là en bataille pour venir contre eux.
Adonc ces Gentilshommes fe mirent
tous enfemble : & baifferent les lances
& les épées de Bourdeaux roides, &
efperonnerent leurs chevaux de grand
randon , & mirent devant les mieux
montez , puis commencerent à huer: ces
Flamans s'ouvrirent, & ne les oferent
attendre : & les autres dient qu'ils le
firent par malice : car ils fçavoient bien
que le Pont ne les pourroit porter : &
difoient les Flamans entre eux , fai-
fons leur voye, vous verrez tantot beau
ieu. Il y en eut environ trente qui paf-
ferent, le pont rompit fous les autres
qui fe perdirent la plufpart, d'autres
fe mirent à nage dans la Riviere ; mais
comme elle eftoit profonde , & les
rives trop hautes ils fe perdoient. Les
Flamans s'avancerent , & tirerent fur
eux tellement qu'ils en tuerent & blef-
ferent plufieurs , & contraignoient ceux
qui eftoient reftez de fauter dans la
riviere en leur difant par moquerie fau-
tez Crapaux.

La Cronique ajoûte qu'Artevelle

qui estoit à Ypre ayant appris cette
défaite, *dit en riant pour encourager*
ceux qui de les luy estoient, par la gra-
ce de Dieu & le bon droit que nous
avons, tous viendront à cette fin, ne
iamais ce Roy ieunement conseillé, s'il
passe la riviere du Lis ne passera en
France. Elle dit ensuite que *Philippe*
Artevelle fut cinq jours à Ypre, &
prescha en plein marché pour encou-
rager son peuple & tenir en leur foy.
Voicy sa harangue, *bonnes gens ne vous*
esbaissez point, s'ils viennent sur nous,
car ia n'auront puissance de passer la
riviere du Lys. Ie fay tous les passages
bien garder, & ay ordonné à Commi-
nes Pietre du Bois, à tout grand nom-
bre de gens. Il est loyal homme, & qui
aime l'honneur de Flandres, & Pietre
le Mitre est à Verneston: car tous les
autres passages outre la riviere du Lys
sont rompus, & n'y a ny passage ny gué
par où ils puissent passer fors à ces
deux Villes, &e.

Ces passages si bien gardez, & la dif-
ficulté de passer cette Riviere, qui est
profonde, & dont les bords sont des
marescages ou la Cavalerie ne sçauroit

D d iiij

paſſer, outre les pluyes & l'incommodité
de la ſaiſon firent douter les François
s'ils iroient plus avant, & s'ils n'atten-
droient point l'Eté prochain pour cette
entrepriſe, puiſqu'ils eſtoient déja au
milieu du mois de Novembre. Cependant le Conneſtable s'eſtant informé
d'où venoit la Riviere, & ayant appris
qu'elle venoit de devers Aire, & Saint
Omer, reſolut de l'aller paſſer à Saint
Omer, & d'entrer par là dans la Flandre. Mais on luy remontra que la marche ſeroit trop longue, & que les Flamans croïroient qu'on les fuyoit, & en
prendroient plus de cœur ; enfin on conclud d'aller tenter le paſſage de Commines que Pietre du Bois gardoit. Quand
ils furent au Pont de Commines, ils le
trouverent rompu, & virent Pietre du
Bois de l'autre coſté, avec un Corps
d'Armée de Neuf mille hommes, qui
gardoient ce paſſage. On fit chercher
des Guez de tous coſtez, ſans en pouvoir
trouver, ce qui faſcha le Conneſtable de
s'eſtre laiſſé perſuader de venir tenter ce
paſſage. Cependant le Sire de Saint Py,
& quelques autres Chevaliers qui vouloient acquerir de l'honneur en cette oc-

casion avoient fait mettre sur des Char-
rettes trois barques sans en rien commu-
niquer au Connestable, ny aux Marefchaux, & voyant la peine en laquelle on
estoit, s'offrirent de passer, & ayant fait
attacher leurs barques avec des cordes,
afin qu'on pût les retirer quand elles
feroient à l'autre bord, ils passerent les
uns apres les autres avec tant d'ordre
qu'ils se trouverent, dit la Chronique, le
Lundy sur le tard, outre la Riviere, environ quatre cens Hommes d'armes,
*toute fleur de Gentillesse. N'oncques
Varlet n'y passa.* Quand ils se virent
tous ensemble, ils commencerent à se
ranger en bataille, & à avancer dans les
Marets, *où se tindrent tout quois en la
bourbe & ordure jusqu'aux chevilles des
piez. Ils entrerent en la couverte, en
un petit Annoy, & là se capirent toute
la nuit.* C'estoit au mois de Decembre.
Le jour estant venu ils sortirent en bel
ordre, & Pietre du Bois commençant à
les appercevoir, s'écria, *Par quel Diable de lieu sont venus ces Gens-d'armes?
Ne par où ont ils passé la Riviere du
Lys?* La vieille Chronique manuscrite luy

fait dire, *Par quel Diable de lieu sont venus ces Crapaux ? Car ils estoient tout couvers de bourbe, comme Crapaux.* Comme ils estoient peu de Gens pour resister à toute l'Amée de Pierre du Bois, ils se resolurent de l'épouvanter, & de crier tous ensemble tous les cris des Bannieres, & des Seigneurs qui estoient de l'autre costé de la Riviere, & qui n'avoient pas passé. Enfin ils coururent sur eux les Lances baissées avec tant de furie qu'ils en abbatirent grand nombre, les appellant *Chiens Flamans*, comme eux les appelloient *Crapaux Franchos*.

Pour voir toutes les circonstances de cette marche, & du succez de cette entreprise, il faut lire depuis le cent & sixiéme Chapitre du second Volume de Froissart jusqu'au Chapitre cent & vingtiéme, & la vieille Chronique de Flandre.

Une entreprise si hardie fut cause que dés-lors on n'appella plus les François en Flandres que les Crapaux du Lys, au lieu qu'auparavant on les y nommoit les *Liliarts*, à cause des Fleurs-de-lys, ou Flambes de leurs Armoiries que les La-

tins nomment *Liliales*, comme témoigne Dodon Liv. 3. Pempt. 2. *Alia Iri-*
dis species, Iridis nomenclaturam re-
tinet : plerisque tamen Lilialis , & in
Apulia spatula Brabantis Lisch Over-
zee. Dés-lors les Flamands par dérision
au lieu de nommer nos Fleurs-de-lys,
comme auparavant *Lisch Blomen*, les
nommoient *Lisch Kroffen*, Crapaux du
Lis. Ils firent mesme des Tapisseries, où
au lieu de Fleurs-de-lys ils mirent des Crapaux, ce qui fit croire du depuis à quelques-uns que les Crapaux avoient esté
les premieres Armoiries de nos Rois. Ils
n'en mirent que trois , parce que Charles VI. en avoit depuis peu fixé le nombre à trois, quoy qu'auparavant il y eut
déja des monnoyes , & d'autres Monumens où on n'en voyoit que trois. Enfin
peu à peu on fit la Fable des Armoiries
changées du temps de Charlemagne, &
au Baptême de Clovis. Et ce fût sous ce
mesme Charles VI. comme j'ay déja remarqué, que l'on commença à croire que
les Fleurs-de-lys estoient venuës du Ciel,
parce que ce Prince avoit pris le Ciel
pour Devise.

Tout ce que l'on a écrit des Crapaux

que l'on voit à Poiſſy, au Mans, & à
Bayonne, eſt impertinent ſur ce ſujet.
J'ay eſté expreſſément à Poiſſy pour voir
ces Crapaux : on me montra dans l'Egliſe Paroiſſiale, qui eſt celle où S. Loüis
fut baptiſé, un pillier Gothique, au haut
duquel vers le chapiteau eſt un gros Crapaux relevé en pierre de la grandeur d'u-
ne ſemelle de ſoulier, ſans aucun Ecuſſon, ny aucune autre choſe. C'eſt une
pure fantaiſie d'Ouvrier. Et j'ay vû de
cette ſorte en pluſieurs autres Egliſes des
Serpens, des Rats, des Chiens, des Lezards, & d'autres animaux repreſentez
ſur des colomnes. Quand les Ouvriers
avoient les noms de quelques-uns de ces
Animaux, ils affectoient de les tailler come des rebus, & des chiffres. Nous en
avons un exemple illuſtre dans Pline, d'un
Ouvrier nommé Lezard, & d'un autre
nommé Grenoüille, qui ayant bâti à Rome le Temple d'Octavia, & ne leur eſtant
pas permis d'y mettre leurs noms, gra-
verent ſur les Colomnes des Lezards, &
des Grenoüilles. Pline liv. 3. chap. 5. Je
ne repete pas icy ce paſſage, parce que
je l'ay donné au Traité de l'Origine des
Armoiries, au Titre des Armoiries par-

lantes. Bayonne n'eſtoit pas à Clovis, quand on veut qu'il ait changé d'Armoiries, & tout cela ne prouve rien.

C'eſt au meſme temps de Charles VI. que commença l'opinion des trois Croiſſans que Nicolle Gilles dit avoir eſté les anciennes Armoiries de nos Rois. Pour flatter ce Prince qui avoit fixé le nombre des Fleurs-de-lys à trois, on les mit toutes trois dans une eſpece d'Ecu fait de trois Croiſſans appointèz avec cette Deviſe en Rebus *Lilia Creſcunt*, pour ſignifier qu'eſtant en moindre nombre qu'auparavant, ils ne laiſſoient pas de croiſtre. Gerſon fit dés ce temps-là une Ode Saphique ſur ce Rebus, dont les penſées ſont auſſi froides, & les vers auſſi éclopez que la Deviſe. En voicy le titre & les vers.

CARMEN OPTATIVUM,
ut Lilia Creſcant.

LIly flores rutilantis auri
Franciæ Scuto, ſaphiri coloris
Enitent, omnis cor habens pium, dic
    Lilia creſcant.
Lily flores, ſolito magis ſunt

Inter urticas tribulofque fpinis
Obfiti denfis, miferante Chrifto
      Lilia crefcant.
Lilij flores variant fuborti,
Nunc trium funt prius & fuerunt
Stipitem folus tenet hinc in ipfo,
      Lilia crefcant.
Lilij flores fcelus ô pudendum
Vnguibus curvis lacerans Leo trux
Iftius votis prohibebat ufum
      Lilia crefcant.

Il y a cinq autres Stances dont la chûte est toûjours la mesme.

On void cét Ecu de trois Croissans en quelques vieilles monnoyes, particulierement sur des sols anciens, nommez Karolus, à cause qu'ils estoient de ce Charles.

La Fable des Diadêmes est tirée d'un Roman des Preux qui donnoit à Pharamond trois Couronnes pour Armoiries, & c'est de là qu'Emyle les avoit tirez.

Il ne reste plus qu'à mettre sous les yeux les preuves sensibles des choses que je viens d'établir, en repres 'ntant les figures des veritables fleurs-de-lys, &

les Sceaux, & les Armoiries où elles font figurées.

1. La premiere de ces figures eft la Fleur-de-lys avec fa tige toute entiere, comme Dodone l'a reprefentée en fon Hiftoire des Plantes. On verra que nos Fleur-de-lys en ont tout à fait la figure à couper la tige au milieu, pour la fepa-rer de fes grandes fueilles.

2. La feconde figure eft celle d'un lys de jardin qui n'a nul rapport avec nos Fleurs-de-lys.

3. La troifiéme eft le Contrefeel de Loüis le Jeune, qui eft d'une Fleur-de-lys femblable à l'Iris, d'où naiffent deux autres Fleurs en tigets, comme il arrive affez fouvent à la Flambe ou Iris.

4. La quatriéme eft le Sceau de la Prevofté de Paris, que j'ay tiré d'un Ar-reft rendu en faveur de l'Abbaye de S. Denys pour la Juftice de Montmehant & de Gonnex. L'an 1317. fous le Regne de Loüis Hutin. Le Contrefeel eft d'un Ecuffon à trois Fleur-de-lys, & pour Legende il y a *Contrafigillum præpofi-ture Parifienfis*. Cét Arreft fut rendu par Henry de Cappel, ou de Caftel, Garde de la Prevofté de Paris. Peut-

estre que le Château qui flanque la fleur-
de-lys estoit l'Armoirie de ce Henry Ca-
stel, ou Cappel, car je n'ay pû bien lire
ce nom.

5. La cinquiéme Figure est un Sceau
de Philippe I. attaché en Placard à un
Acte d'Amortissement pour l'Abbaye de
Saint Martin de Pontoise, de l'Ordre de
S. Benoist, autrefois nommée de Saint
Germain. Voicy l'Acte tel qu'il m'a esté
communiqué par le R. P. Dom Pierre
Colbert Prieur de cette Abbaye.

CHARTA PHILIPPI REGIS.

IN nomine Sanctæ, & individuæ Tri-
nitatis. Ego Philippus. Gratiâ Dei
Francorum Rex, cum novum vetusque
Testamentum Patrem Matremque car-
nalem honorare dicens præcipiat. Hono-
ra Patrem tuum & Matrem tuam ut
sis Longævus super Terram, Christianæ
Religionis est ut Patrem nostrum Deum,
& Matrem nostram sanctam Ecclesiam
cujus regeneratio spiritualis plus nobis
ad salutem animæ quàm carnalis ad sa-
lutem corporis proficiat honore cum di-
gno habeamus. Et quoniam Habraæ filij
sumus,

*sumus, Saram id est Ecclesiam, Agar
quæ est Synagoga destructâ honorificabi-
liter exaltemus, ut non tanquam filij
Ancillæ: sed tanquam filij Liberæ in medio cælestis Ecclesiæ, os nostrum merea-
mur aperire & impleti spiritu sapientiæ
valeamus evidenter proclamare, Domine dileximus decorem domus tuæ, &
locum habitationis gloriæ tuæ. In hac
ergo sancta Matre Ecclesiâ in quâ ut
dictum est regenerati habitare cupientes,
hanc terrenam Ecclesiam Tyrannorum
pressuris afflictam prout possumus libe-
rare studeamus. Quia scriptum est qui
elucidant me, vitam æternam posside-
bunt. Elucidare autem volentes Ecclesiam sancti Germani, per deprecationem
Procerum Castri Pontis Isaræ Warne-
rij scilicet & Amaurici cæterorumque
illustrium virorum, quorum beneficiis,
& eleemosynis in tantum resurrexerat
ut parietibus circumdaretur, & Pau
. . . . . . Monachis Deo servientibus in-
habitaretur. Quorum supplication i-
bus humillimè condescendens pro animæ . . . . ntumque memoria, Ecclesiæ supradicta libertatem hanc tribui,
& quidquid semel dono vel en . . . ne-*

E e

re..........inquietudine possideat Vt &
hoc firmam permaneat sigilli mei im-
pressione signavi, meisque hominibus in-
frâ scriptis ad corroborandum tribui.

S. Comitis Hugonis.
S. Waleranni.
S. Balduini Dapiferi.
S. Rainaldi Buticularij.
S. Walteri Cunstabularij.
S. Widonis de Monteletario.
S. Adam de Insula.
S. Jerboldi de Montemor.
S. Lancelini de Belvaco.
S. Stephani Præpositi de Parisio.

Petrus Cancellarius relegenda
subscripsit.
Actum ad Pontem Isaræ anno ab Incar-
tione Domini M. LXVIIII. Regisque
Philippi Regnantis VIIII.

Ce Prince tient une Fleur-de-lys, avec
sa tige en la main droite. Il y a des Fleur-
de lys en sa Couronne, qui paroît fermée de deux demy cercles plats sur la
teste.

6. La sixiéme Figure est celle de Phi-

lippe Auguste, telle que Du Tillet nous l'a donnée tirée des anciens Sceaux. Ce Prince tient de la main droite une Flambe, ou Fleur-de-lys. Et le bout de son Sceptre est fait d'une lozange remplie d'une Fleur-de-lys.

7. La septiéme Figure est celle des Armoiries des *Delbene*, & autres Familles qui portent des Fleurs-de-lys tigées. Et l'Ecusson que je donne est celuy là mesme des warckotsh, comme il est en la 56. page du premier Volume de l'Armorial Allemand.

8. La huictiéme Figure est la Couronne du grand Duc de Toscane, faite d'une Fleur-de-lys, & de fueilles de Glayeul.

9. La neufviéme est un Ecu de trois Croissans, ou trois demy ronds liez, que quelques-uns nomment des demy tours de compas. Il y en a de cette sorte en la façade de l'Eglise de Nostre-Dame de Paris. Et en la pluspart des anciens Ecus d'or de nos Rois, la croix est entre quatre de ces demy ronds, que les Espagnols nomment des Lunels.

10. La dixiéme Figure est la Pertuisane Françoise, qui tient de la figure des Fleurs-de-lys, & qu'on a nommée autre-

fois *Francisa*. Mais les Armoiries de
France n'ont jamais esté composées de
ces sortes de pertuisanes, & c'est une
fantaisie nouvelle de quelques Autheurs,
qui ont voulu avoir la gloire de trouver
quelque chose d'extraordinaire sur ce
sujet.

Ceux qui ont dit que nos Fleurs-de-
lys sont des pointes de Sceptres, auroient parlé plus correctement s'ils a-
voient dit que les pointes des Sceptres
ont esté des Fleurs-de-lys, puisque les
Fleur-de-lys sont des fleurs naturelles,
comme j'ay fait voir, & les Sceptres des
imitations de ces fleurs naturelles.

La Fleur-de-lys a quatre fleurons du
cimier des Ducs de Bourgogne estoit une
Flambe entiere.

Les Fleurs-de-Lys en Armoiries, sont
ou les marques des Princes du Sang
Royal de France, ou des Blasons particuliers, ou des concessions, ou des
usurpations, ou des marques de reconnoissance, ou de soûmission, ou d'al-
liance, ou de dignité, ou d'attachement
à la France.

Tous les Princes du Sang de France
portent à present les Fleurs-de-lys avec

differentes brifures.

Le Roy feul les porte pures.

La Reine accolle l'Ecu du Roy à ce-luy de fa famille, où l'un & l'autre en un mefme Efcu party.

M. le Dauphin écartelle de France & de Dauphiné.

M. le Duc d'Orleans brife d'un lam-bel d'argent en chef.

Monfieur le Prince brife d'un bafton alezé de gueules, couché en bande en-tre les trois Fleurs-de-lys.

Meffieurs de Conty y adjoûtent la bor-dure pour foufbrifure.

Meffieurs de Courtenay, qui fe difent iffus de Louys le Gros, écartellent de France & de Courtenay.

Les autres brifures attachées aux ap-panages eftoient pour *Anjou Sicile*, fe-mé de France au lambel, & depuis à la bordure de gueules.

Bourbon, la cottice de gueules bro-chant fur le tout.

Bourgogne écartelé de femé de Fran-ce à la bordure componée d'argent & de gueules, qui eft *Nevers*, ancien ap-panage des Fils de France.

Bourgogne Moderne, à la difference

de Bourgogne ancien, qui estoit les bandes d'or & d'azur écattelées avec Bourgogne moderne.

Alençon brisoit d'une bordure de
gueules chargée de huict bezans d'argent.

Bourbon Montpensier d'un quarré d'or
chargé d'un Dauphin d'azur au haut de
la cottice de gueules.

Bourbon Vendosme chargeoit la corti-
ce de trois lyonceaux d'or.

Angoulesme chargeoit le lambel d'Orleans de trois Croissans d'azur.

Les Comtes d'Artois portoient sur les
Fleurs-de-lys un lambel de gueules chargé de Chasteaux d'or.

Les Ducs de Berry d'une bordure en-
greslée de gueules.

Les Comtes d'Evreux d'une bande
componnée d'argent & de gueules.

Plusieurs Maisons d'Allemagne, d'I-
talie, des Pays-bas, d'Espagne, d'Angleterre & de France mesme, portent des
Fleurs-de-Lys de divers émaux, qui sont
leurs propres Armoiries.

Il y en a d'autres qui en ont une ou
plusieurs par concession. Comme Albret
l'Hospital, Estaing, Ville-Neuve de

Provence, Mascranny, Costa Genois, establis en Savoye depuis le President Coste.

Les Rois d'Angleterre les portent par usurpation.

Les Eglises de Nostre-Dame de Paris, de S. Vincent de Mascon & de Châlon; les Abbayes de S. Denis, de Sainte Geneviefve, de S. Germain, de saint Martin de Pontoise, & un grand nombre d'autres les portent par reconnoissance, pour faire connoistre qu'elles sont de fondation Royale.

Plusieurs Villes du Royaume les portent pour marquer leur soûmission, comme, Paris, Lion, &c.

Plusieurs Maisons du Royaume en ont des quartiers pour les alliances qu'elles ont faites avec les branches de Bourbon.

Les Pairs Ecclesiastiques de Rheims, Langres, Laon, Noyon, & Châlon les portent comme marque de leur dignité.

Celles que portent en chef plusieurs Maisons de Florence, de Bologne & de Gennes, sont des marques de leur attachement à la France. Presque tous ceux qui furent Guelphes prirent cette marque, parce que nos Princes d'Anjou estoient Guelphes.

J'ay trouvé dans un livre de Theodore Peltanus de l'an 1580. dedié à Guillaume Comte Palatin & Duc de Baviere, les Armoiries de ce Prince semées de fleurs de lys d'or sur les fusées d'azur. Chaque fusée d'azur estant remplie d'une fleur-de-lys, ce qui ne peut avoir esté qu'une addition que ce Prince fit pour marquer son attachement à la France. Quelques Nobles Venitiens qui ont esté Ambassadeurs en France ont fait la mesme chose, comme quelques-uns des Capelli, des Quirini, des Morosini, des Contarini, & des Dandoli, dont j'ay remarqué des exemples à Venise.

Je remets à examiner les Armoiries de Navarre, quand j'auray tiré de Pampelone & de quelques autres lieux tous les éclaircissemens necessaires, pour justifier que ce sont des chaisnes.

Ce Volume deviendroit trop gros si j'y joignois ce qu'il reste à traiter des Bannieres, du Cry de Guerre, des Devises, &c. J'en feray la matiere d'un second Volume, avec les recherches les plus curieuses du Blason.

TABLE

TABLE
DES MATIERES.

A

F f

D.

E.

F.

S.

T.

CORRECTIONS.

PAge 74. Claude de Beauvoir sieur de Chalus, *lisez* de Chastelus.

80. Estaing en Auvergne, *lisez* en Roüergue.

147. Leur en firent prendre les Armoiries, *lisez* luy en firent prendre les Armoiries.

172. *Ritter Profestus*, lisez *Professus*.

174. Celles de Maillé Parthenay. *lisez* de la Clayette.

223. La Marek, *lizez* la Marck.

244. Cette maque de Fleur-de-lys, *lizez* cette marque.

257. Le nombre est changé en 275 quelques autres de mesme, qu'il est aisé de corriger par la suite. En cette page quoy soit qu'il, *lisez* quoy qu'il soit.

266. *Cohærenti, astabit Regnum*, lisez *cohærentia, stabit Regnum*.

Les autres fautes sont aisées à remarquer.

Extrait du Privilege du Roy.

PAr Lettres Patentes du Roy données à Paris ce 6. Juillet 1673. Signé DALENCE', & Seellé du grand Sceau de cire-jaune, Il est permis à ESTIENNE MICHALLET, Imprimeur & Libraire à Paris, d'Imprimer un Livre intitulé *Le Veritable Art du Blason, ou l'usage des Armoiries*, Composé par le R. Pere MENESTRIER, de la Compagnie de JESUS, & ce pendant le temps & espace de six années, avec deffence à toutes personnes de l'Imprimer, vendre & distribuer pendant ledit temps, sur les peines portées par lesdites Lettres.

Regiftré fur le livre de la Communauté des Imprimeurs & Libraires de Paris le 8. Iuillet 1673.

Achevé d'Imprimer pour la premiere fois le 12. Septembre 1673.

INVENTAIRE
V 5678
ART
DV
BLASON

www.ingramcontent.com/pod-product-compliance
Ingram Content Group UK Ltd.
Pitfield, Milton Keynes, MK11 3LW, UK
UKHW021505090726
13657UKWH00001B/45